DECLIVE

En las playas de un balneario, en la década de los cuarenta, el destino depara un encuentro a un adolescente. Con *Declive*, entramos en la atmósfera asfixiante que envuelve los pensamientos de Juan Rebollar, y nos movemos con él por su hogar, por la agencia de viajes, y por sus recuerdos enfermizos. En la ciudad de México y el puerto de Acapulco se desarrolla esta historia en que las huellas del pasado marcan conducta y futuro de un hombre que se desplaza entre la irrealidad y los fantasmas, tan incapaz de detenerse en su propia vida, como de reparar en los seres que lo aman. Con destreza Sergio Galindo nos sumerge en el medio familiar de Juan Rebollar: quien pese a sus buenas intenciones y sobradas fuerzas, no podrá proteger de la destrucción a aquel que cobija en sí mismo otros mundos.

La intensidad del relato nos obliga a seguir los pasos que van de la arena de las playas a los bares de la capital, en un zigzagueante deambular; en este recorrido topamos con muchos otros seres, trazados con esa aparente sencillez con que Galindo elabora tanto a sus personajes como las difíciles relaciones humanas que los unen.

Sergio Galindo nació en Jalapa, en 1926, es dueño de un lenguaje certero y fluido. Entre novelas y cuentos ha publicado más de diez títulos, de ellos el FCE ha editado: *La justicia de enero*, *El Bordo*, *Los dos Ángeles* y *¡Oh, hermoso mundo!*

SERGIO GALINDO

DECLIVE

letras mexicanas

FONDO DE CULTURA ECONÓMICA

Primera edición, 1985

D. R. © 1985, FONDO DE CULTURA ECONÓMICA, S. A. DE C. V.
Av. de la Universidad, 975; 03100 México, D. F.

ISBN 968-16-2078-X

Impreso en México

Deseaba, a veces, que el mismo espanto me matara... y, sin embargo, ahora es cuando empiezo yo a darme exacta cuenta del horror que podía haber sido aquello.

JOSEPH CONRAD, *Victoria*

Este libro, por mil razones,
pertenece a mi querida hija
ANA MÓNICA

I

CUALQUIER ruido puede romper el sueño: una voz, un golpe, el motor de un automóvil. No es necesario abrir los ojos para despertar. Cruenta, la vigilia no requiere el apoyo de la vista para obligar a *ver* las sombras palpitantes que llenan los huecos; esos vacíos poblados de no se sabe qué horror dispuesto con impía justicia a hacer irrupción... ¡ya! Su cadáver —miserable traidor— hace acto de presencia, se convierte en sed y engendra —patente en labios y garganta— una agrietada resequedad, tras la que viene el dolor. Y con la ayuda de éste otras partes del cuerpo se manifiestan. Las sienes se ponen a latir con violencia, a un ritmo salvaje que acarrea otras sensaciones... asco... miedo... mareo... debilidad. Todo ello sin antecedente. No hay ayer. Juan suplica: Ven, memoria. Acudan, ecos. ¡Por piedad! Un sonido, sea el que sea, una tos conocida, o la risa del niño, cualquier cosa que quiebre el silencio. Si abro los ojos: ¿Dónde estaré?... Su cabeza es de fierro, un yunque sobre el que martillea la angustia. Si alguien pudiera creerle (cuando lo cuente, si es que lo hace) que no sabe nada de sí mismo y que si no abre los ojos es porque el miedo se lo impide... Lo más seguro es que esté en su cama, pero *puede ser otra*. Un daño infame le acuchilla los bíceps.

Abre los ojos y, ¡sí!, ¡es su lecho!

Mas la conocida penumbra no alberga tranquilidad, a pesar de ser *su* recámara no viene a él la paz que la propiedad debiera proporcionarle. Y es que —bien lo sabe— lo único que puede sentir como propio es el miedo y esa perturbación le impide disfrutar el mundo, éste se ha convertido en adversario y ha perdido su calidad de apoyo y refugio. Débilmente, las paredes oscilan. Pobre Juan, se pone rígido para ver si su inmovilidad es contagiosa. Lo es. Hecho estatua el boceto a tinta china —retrato de un hijo— pierde el vaivén y recupera la quietud. Pero no puede permanecer así a menos que de verdad fuera un cadáver.

9

Y de pronto, nacida de quién sabe dónde, brota la certeza de que *ayer* no pasó nada grave y que su conciencia está en bonanza. Bienaventurados los que sufren porque de ellos será el reino de... ¡hoy! Los golpes sobre el yunque se suceden con frenesí. Pero a la mano están el vaso de agua y las pastillas analgésicas. Su cabeza va a estallar aunque resulta un alivio inmediato el agua en sus labios que termina a grandes tragos que parecen bañarle el alma.

Sólo la irracionalidad de la alegría posee la facultad de hacer desaparecer de un brochazo el horror y el dolor como quien quita el polvo de un mueble y le devuelve en un segundo el brillo y la dignidad debida. Es *él* otra vez, sin telarañas ni zozobra, con su exactitud recuperada. Hasta entonces se percata de que tiene mucho frío y —en forma bastante nebulosa— recuerda que durante el sueño tembló su cuerpo varias veces. Es que se acostó tarde (la gasa de las tinieblas se aclara), trabajó hasta las dos de la mañana y sus manos —firmes— cerraron de golpe el original del nuevo folleto de excursiones, *con la satisfacción del deber cumplido* —decía su maestro de ética, en el bachillerato. Frente a él un vaso con whisky lo esperaba: justa recompensa a su engorrosa tarea de meses y meses y la deleitó entonces como ahora goza el calorcillo del lecho. Desliza la mano entre las sábanas y palpa el hueco aún tibio que dejó Lucía; rememora su cuerpo, su rostro —cree incluso recordar que ella le acarició la frente antes de levantarse... Sí... y tal vez a partir de allí se originó el despertar. ¡Qué pesadilla! Jugarretas más que de la memoria de la imaginación. Además, no debe haber despertado cuando creyó que lo hacía sino después, y eso es suficiente para perturbar a cualquiera, por seguro que sea. Continúa con su ayer: el cenicero estaba pletórico de colillas y lo llevó a la cocina para limpiarlo. Regresó y se sirvió un chorrito más de whisky y cuando se dio cuenta ya estaba fumando de nuevo. Lo apagó con disgusto y náusea. Más valía subir ahora y dormir. Iba silbando por la escalera y a mitad de una nota se interrumpió un poco avergonzado pues se había olvidado de que era de noche y podía despertarlos... ¡Ah, Juan, no recuerdas ni lugar ni hora! Después... más vale dormir otro rato. Dormir.

No es fácil. Y no por carencia de sueño sino porque el

miedo regresa. Retoma el "después" sin resultados ya que subsiste una pequeña laguna, una lagunita, una cosa de nada. Una brizna. Se acurruca en la tibieza y aprieta los ojos con ahínco a sabiendas de que si no aprovecha la somnolencia que lo invade puede regresar al horror, tan buenamente como si nunca hubiera salido de él. Pero está de verdad cansado y, sin presiones, el sueño viene a mitigar su falta de memoria.

De repente lo despierta el timbre del teléfono como si fuera una descarga eléctrica sobre el cerebro. Sus ojos desorbitados recorren las paredes, la puerta que comunica con la salita de Lucía, el ventanal, la puerta del vestíbulo, entreabierta. Comprende, por la intensidad de la luz, que han pasado cuando menos un par de horas desde su otro despertar. La sed lo acosa y termina otro vaso de agua. Vuelve a arrebujarse con el propósito de proseguir el sueño, pero, con insidiosa claridad, llegan hasta él las palabras de su esposa. No es normal que él pueda escuchar desde allí cuando hablan por teléfono en la planta baja, y sin embargo la oye como si ella estuviera a dos o tres metros de distancia.

—Llegó muy tarde anoche... No sé decirte... Tuvo una fiesta... No sé nada del viaje, ¿quieres que lo despierte? Son ya las once...

¡Piedad, piedad! ¡No me llames! ¿Qué fiesta... en dónde? ¿Con quién habla?... Hace una mueca y remeda: *No sé nada del viaje*... ¡Pues yo menos!

Otra vez está a mitad del océano sin tabla a qué asirse.

Una angustia sin límites lo acosa. La brizna es ahora una montaña, y no sabe si está en la cima o a su pie. Un vértigo lo sacude y lo sumerge en algo denso y oscuro. Quisiera gritar pero ello acarrearía espantar también a Lucía; tal posibilidad lo aterra más aún. Ella *no* debe saber. Si su horror fuera transmitido a terceros entonces ya no habría escape de ninguna especie; tiene fuerzas para luchar mientras el mal esté solamente en él mismo. Lucía debe permanecer ajena a esta pesadilla; sólo esa inmunidad le dará —a él— la oportunidad de *regresar* y recuperarse; si ella deja de ser el puente entonces no hay opción... ¿A dónde demonios voy a viajar? Si cuando menos supiera con quién habla me ayudaría a esclarecer... ¿qué?... ¿Lo que hice ayer?... ¿Mis amnesias?... ¿Quién puede creer en ellas? Yo mismo he tardado mucho en aceptarlas como algo contundente, real, porque en el fondo hay una carga de oprobio que no quiero admitir como propia. Y lo es. Como son mías estas manos, y el temblor... Es mejor que me bañe y baje cuanto antes, tal vez Lucía diga algo, alguna frase que me dé la pauta sin que yo tenga que preguntar. Sea lo que sea no debo aparentar sorpresa ni inseguridad. ¡Pobre Lucía!

Su cabeza deja de batir y doler con la presión de la ducha. El agua lo cura todo, limpia cuerpo y mente. Desaparece el dolor de los bíceps bajo la frotación que les dan sus manos. Terca, regresa a él una idea: ¿Qué maldita fiesta hubo anoche? ¿En dónde demonios? Es inútil, no lo va a recordar, además ya hace semanas que decidió alejarse de las fiestas porque de pronto no sabía dónde estaba y le manaba la angustia como un dolor producido por un invisible torniquete que allí, en público, empezara a torturarlo ante los indiferentes ojos de todas esas personas desconocidas con las que sin duda alguna tenía algo que ver puesto que lo trataban sin extrañeza. Después de recorrer con cautela rostros y paredes en busca de algo que aclare mudamente la situación, se desplaza a otros cuartos buscando... buscando. De repente aparecen Lucía y Constanza ante sus ojos: las contempla con ese alborozo hecho de sorpresa e incredulidad con que el náufrago descubre tierra a la vista, sin descartar aún la duda de que se trate de una ilusión. Por ello, y no seguro de que sea bueno arriesgarse a ratificar su existencia, avanza a pasos muy lentos hacia ellas, preparado para verlas desaparecer al menor parpadeo; pero la falacia no llega a consumarse y no se trata de espejismos, es su esposa; se inclina y recarga la mejilla en el pelo de Lucía y se satura de perfume y tibieza. En otras ocasiones, tras deambular de un lado para otro haciendo esfuerzos para no gritar se topa con la mirada de Eusebio que lo somete a un escrutinio minucioso, cual si estuviera inventariándolo. Pero su hermano Eusebio ha sabido siempre —desde niños— darle tranquilidad y no es la suya la mirada de un juez, al contrario, en esos ojos hay respaldo.

Esa gran calma que en el campo precede al amanecer en todo su esplendor, esas sombras que se deshacen para dar paso a la renovada luz —casi líquida y destellante—

12

ávida de expandirse y avizorar el infinito. Eso. La naturaleza vivificada (otra vez con voces y colorido), se puebla de perspectivas y lontananzas. Eso. Así le sucede a él con el agua del baño que le despierta y activa sangre y músculos, a la par que borra la noche como si nunca hubiera existido.

Su cuerpo es el día. Mente sana en cuerpo sano. Seca su piel y cuelga la toalla. Se desplaza, desnudo, sin ningún dolor, sin ningún mal recuerdo. El espejo le obsequia un rostro satisfecho. No hay objeciones. Sonríe y a sus labios acude una canción mientras se peina.

II

¿Por qué, temor? —se preguntó Lucía—. ¿Temor a qué? La pregunta regresa horas más tarde, es casi mediodía y se presentó por primera vez en el momento en que Ricardo —con su pícara sonrisa de cuatro años— sacudió su manita al trepar al autobús escolar. Adiós, adiós... Emprendía un viaje a unas cuantas cuadras de distancia por unas cuantas horas; cada semana, de lunes a viernes; no era uno sino tres los viajes a sendos puntos de la ciudad: Juanito a secundaria, Nelly a primaria y desde este año Ric a kinder... Juanito. No le gustaba el diminutivo pero no usarlo acarreaba continuas confusiones —¿Me llamas a mí o a él?—, que con frecuencia se convertían en bromas, en fingidas equivocaciones entre padre e hijo, no concertadas sino espontáneas, de una solidaridad que la excluía precisamente por su carácter de confabulación muda; una especie de complicidad consanguínea que no sólo se daba entre los tocayos sino también entre los binarios Juan-Nelly, o Juan-Ric. Y hasta se podía afirmar que con mayor fuerza en este último, a grado tal que la sonrisa de ambos —y la intensidad de luz que se concentraba en sus pupilas— parecía la misma, cual si estuvieran dentro de un recinto en donde, mediante un truco de espejos, pudiera ver a una misma persona en dos lunas distintas. Esta mañana —por ejemplo— le había dicho adiós más bien a su esposo que al pequeño, como si Ric no se fuera a la escuela sino el papá... de escapada... ¿Era ése el temor? ¡Pues qué absurdo! Más aún: ¡Qué necedad! No son más que elucubraciones insensatas que vienen a mí porque Eusebio habló de un viaje, como si yo supiera... Sí temor.

La sensación acompañó sus pasos por sala y vestíbulo mientras revisaba los floreros dando los últimos toques a las gladiolas y nubes recién compradas por Cenobia en el mercado, sin órdenes desde luego. Cenobia tenía ideas propias. Y también practicaba intromisiones muy personales, como decir ayer: Vea, del lunes a hoy se tomó tres botellas. Ella desprevenida respondió: Hemos tenido mu-

14

chos invitados. Antes de terminar la frase ya estaba molesta por el tono de explicación que había empleado. No se indignó con la sirvienta porque en las palabras de Cenobia no había dolo sino admiración.

En ese momento Cenobia se asomó a la puerta de la cocina para comunicarle:

—Ya viene, señora...

Los pasos de él más que oírse se adivinaban, y aunque Lucía no había percibido el menor ruido podía confiar plenamente en lo que la otra aseveraba, pues la experiencia le había enseñado en numerosísimas ocasiones que Cenobia era capaz de oír y ver cosas que a los demás escapaban. Al principio le había contrariado el hecho de que supiera mejor que ella misma quién de sus hijos lloraba o llamaba. Por las tardes, cuando menos una vez por semana, pasaban juntas un par de horas en el cuarto de plancha, tiempo que aprovechaba Lucía para charlar con ella, revisar las existencias de la despensa y hacer la lista de compras. Con frecuencia Lucía suele contar: Y de repente casi podría decirles que veo cómo se le paran las orejas al exclamar: Ya se cayó Nelly. Y yo, al oír el llanto, le respondo: Es Ric el que llora. Pero, ¡naturalmente!, ella tiene la razón, se trata de Nelly. O bien, llega de la calle y después de unos segundos exclama: Vino el doctor Medina, ¿verdad? Y les puedo jurar que Gabriel no dejó ninguna estela de cloroformo ni jeringas desechables ni nada que pueda delatar su presencia, ¡pero ella lo sabe! O suena el timbre de la puerta y me dice: Ahí está la señora Constancia con don Eusebio. Y son ellos.

—Sí, trae el café de una vez... Y, Cenobia, sube a tender la ropa.

Revisó la mesa del comedor para comprobar, por enésima vez, que todo estaba en orden y que la continua limpieza hacía su ostentación arrojando destellos de brillo de la madera, la porcelana, el cristal. Después sus pasos van hacia la ventana donde hoy, en vez de trinos, se escuchan de cuando en cuando los tijeretazos de Benjamín podando la hiedra, tijeretazos o silbidos, aunque también a veces canturrea. Lo descubre allá, en la esquina izquierda, en cuclillas, al mismo tiempo que llega a su nariz el aroma del café que coloca Cenobia en la mesa. La oye hacer ruido y comprende que quiere llamar su atención, que algo la tiene molesta. Pero no la va a complacer. La ignorará. Su mirada sigue el vuelo de una mariposa blanca que brevemente se posa en el sombrero de paja de Benjamín para abandonarlo casi al instante. Piensa: No recuerdo que se haya posado en mí una mariposa. Y a sus espaldas escucha:

—¿Qué tiempo quiere que me tarde?

—¿Cómo? —lo pregunta volviendo a medias su rostro que queda así en un hermoso claroscuro en el que la luminosidad del jardín recorta firmemente el delicado trazo de su perfil.

A Cenobia le molesta esa luz que le impide verla con exactitud, parpadea y agrega:

—Que como quiere usted que me vaya para que no oiga lo que le dice al señor, necesito saber cuánto tiempo paso allá arriba, media hora, una hora, usted dice...

—Tárdate el tiempo que ocupes en tender la ropa.

—La ropa la tendí hace más de una hora, por órdenes suyas.

—Entonces quédate en la cocina, no tengo ningún secreto del que tú no estés enterada.

—De todos modos yo me voy a la azotea.

—Haz lo que quieras, mujer.

Cenobia está contrita, se reprocha el tono en que ha hablado y antes de retirarse, suplica.

—Señora... No lo pelee.

—¡Ay, Cenobia, Cenobia!

Y bruscamente ve de nuevo el jardín pues no quiere que la otra advierta su sonrisa, porque, además, tampoco a ella le agrada pero no puede evitarla, y, peor aún, le va a hacer caso: no reñirán. Y Lucía se pregunta: ¿se habrá vuelto tan obvia que hasta la sirvienta puede leerle el pensamiento? Aunque el *hasta* no se justifica puesto que Cenobia ha demostrado en incontables ocasiones que tiene cualidades muy, pero *muy*, especiales para saber o descubrir pequeñas cosas. Algunas, trascendentes. Sin más recomendación que la limpieza de su mirada y la espontaneidad de su sonrisa, tocó un día el timbre de la casa, solicitando empleo. Y en realidad (Lucía lo afirma incluso después de tantos años) la admitió porque despertó en ella la confianza y sintió que no era necesario averiguar de dónde procedía, con quién había trabajado, ni quién la recomendaba. Se imaginó —también a la primera ojeada que le echó— que no traía ninguno de esos papeles que en forma rutinaria —casi impersonal— dejan fría constancia de que Fulana de Tal trabajó honestamente... Me cayó justo del cielo —contó después—. y fue bienvenida. Nelly tenía entonces dos años, Juan seis, y el grupo familiar la asimiló con efusión creciente. Un caluroso mayo en que estaban las dos en el cuarto de plancha (ya tenía más de un año de trabajar con ellos) le dijo: Es hora de que usted se ponga a tejer y a preparar el recibimiento del próximo hijo. Está usted normal ahorita, pero se acerca su luna verdadera. Va a nacer en un abril como el que acaba de pasar. Aunque tenemos tiempo... Prepárese, seño, todo está ya dispuesto. ¡Qué ocurrencias, Cenobia, no tengo ningún proyecto para más hijos! ¡Estás enloqueciendo! Y se rió con tantas ganas que Nelly dejó sus juegos en el jardín y entró a preguntar, sonriente, ¿Qué, mamá, qué? —inquiría, sosteniendo en un solo pie su cuerpecito de tres años. Que Cenobia dice que vas a tener otro hermanito. ¡No quiero...! respondió tras pensarlo unos segundos y regresó al jardín molesta porque las risas continuaban. Se le olvidó el asunto y hasta el día siguiente se lo contó a su esposo. Juan no se rió; con cierta solemnidad, demandó: ¿Quieres otro hijo? La risa contestó a esta pregunta; después, pasada la euforia, con la mayor sencillez dijo: Si respondiera que sí, ¿qué haríamos? ¡Nunca los hemos evitado! Tal vez mi naturaleza se aproxime a una luna de cuya existencia solamente Cenobia tiene noción.

Ricardo nació en las primeras horas de una luminosa mañana de abril, y cuando dos días más tarde Lucía regresó al hogar con él en brazos, Cenobia, la vidente, no cabía en sí de gozo.

A pesar de que lo esperaba, tuvo un leve sobresalto al ver que su marido estaba ya junto a ella.

—¿Te espanto? —murmuró Juan.

El sentimiento de temor regresó, pero quiso sepultarlo, obedecer ese oscuro mandato de Cenobia, que sin duda alguna tenía razón pues no había nada, ni nuevo ni concreto, por qué reñir, todo era vago e injustificado y esa imprecisión la lastimó de pronto, o, más que herirla, la llenó de... temores.

17

—No, tonto, estaba ida... Hay una mariposa muy bella en el jardín.

—Si me dijeras que hay un rinoceronte...

La besó levemente en la mejilla y tomó asiento, atento a ella, sonriente.

—...entonces verdaderamente dirías *algo*; pero si no hay rinocerontes... no hay... novedades. Ninguna. Rico café...

—La única novedad, y no lo es tanto, es que Cenobia me pidió que no nos peleáramos.

—¿Y qué hace creer a la vidente que tú y yo tenemos que pelear? Es algo tan descabellado, tan ajeno a nosotros... Delicioso café... ¿Desde cuándo no reñimos?

—Desde ayer.

—¿Ayer? —lo preguntaba, lo asentía, con risueño aplomo—. Equivale a una eternidad, a la paz perfecta. Grave si dijéramos que hace más de un mes que no tenemos una disputa, entonces sí habría que echarse a temblar. ¡Cuídate del agua mansa! Traicioneros pantanos son su lecho... En esta época del año le recomiendo a usted un viaje a Río, ¿conoce Brasil?... Veo por su expresión que usted no anda en busca de aventuras tropicales, creo que un viaje por los fiordos noruegos es más indicado para su estado de ánimo. ¡La calma nórdica! Precisamente tenemos una excursión.

—Llamó Eusebio.

—Si me dijeras que llamó un rinoceronte.

—Me habló de un viaje.

—¿De trabajo?

—¿No lo sabes tú?

Juan soltó a reír espontáneamente y su alegría la invadió, era una felicidad contagiosa. Sus manos se enlazaron. Sin dejar de reír él confesó.

—No me creerías si te juro que no tengo la menor idea.

Y ella no le creyó.

18

III

LA AGENCIA de viajes más antigua del país (según decía su propaganda) que fue bautizada con el nombre de *Tierra-Mar-Cielo*, con el paso de los años conservó nada más las siglas TMC, pues sólo a don Luis Enrique Rebollar —su fundador— no le causó ninguna molestia la palabra *Cielo*, pero a su hijo —y posteriormente a sus nietos—, la palabrita les sonaba cursi, infame, ¡intolerable! (... y peligrosa). Si el viejo hubiera puesto: *Aire* otro sería el cuento, pero, ¡Dios mío!, *Cielo* tenía una carga poético-religiosa tan... ¡poco comercial! Don Luis Mario —el hijo— pidió un día a sus vástagos —Eusebio y Juan— le juraran que, pese a la cursilería, nunca cambiarían la razón social pues, ¡caramba, las tradiciones son las tradiciones! Conservaron no sólo el nombre, también el mobiliario, y con éste parecía que ni el padre ni el abuelo se hubieran muerto, totalmente, hasta la fecha.

Eusebio cerró la puerta de su privado que comunicaba con las oficinas de la agencia y volvió a ocupar su escritorio.

—¡Eres el colmo! —exclamó con un disgusto que, en él, siempre daba la impresión de exagerado.

Envuelto en humo el rostro de Juan demostraba auténtica incomodidad.

—Lo siento —murmuró casi—, es que no recuerdo lo que hice anoche... Ni siquiera me acordaba de que nos vimos ayer.

—Ayer *no* nos vimos. Eso lo convinimos anteayer, en tu casa, y quedamos en que hoy sería...

—Lo siento... —repitió lleno de vergüenza pegajosa, casi podía decir que maloliente por la repugnancia que le producía. Todo en su interior era viscoso y carcomido. Por fin se atrevió a indagar—: Exactamente, ¿qué te dije... qué te prometí?

—¿Prometerme? —y Eusebio pareció no encontrar sentido en la palabra—. ¡Por Dios, Juan! Me pediste ayuda, y tú mismo propusiste la mentira y el viaje, yo no me estoy inmiscuyendo en tu vida —y sabes bien que no quiero decir con ello que no me importe lo que te pase, siempre me ha importado—. Insisto en que, si tú le dijeras claramente a Lucía cómo te sientes.

—¡No! Lucía es más frágil de lo que parece... Y además, no sé, supongo que exageré... tengo... ratos... muy angustiosos. Pero eso es todo. Ratos. Mira, sin duda alguna, bebí muchísimo más de lo debido, y ya sabes que me da por inventar. Eso ha sido mi enfermedad de toda la vida. Como si mi existencia fuera poco relevante y necesitara de continuo enriquecerla con truculencias, o ser otra persona... —y una alegre sonrisa lo transformó.

El instante de peligro había pasado. El aire perdió su enrarecimiento, se hizo simple y cotidiano y el espíritu de don Luis Enrique y don Luis Mario —el tiempo los había reducido a uno solo—, señoreó en los aposentos de la vieja casa que, sobre el Paseo de la Reforma, era de las pocas que quedaban como testimonio de otra manera de vivir, de otro sentido del tiempo que permanecía en el presente por la solidez de muros y paredes y, también, porque la armonía y gracia de sus techos de pizarra y el labrado de su portada de piedra eran los máximos defensores de su existencia. Por otro lado, la cautela con que Eusebio —el principal sucesor— se desplazaba en el campo de las finanzas no era más que hechura y herencia de don Luis Enrique quien nunca dio paso sin la seguridad de que el piso estaba firme, y ello, en su tiempo, lo había mantenido —aparentemente— a la zaga en el mundo de los negocios, pero tranquilo cuando otros zozobraban o los amenazaba la quiebra; y así, con el ejemplo del abuelo, Eusebio estaba decidido a conservar la sede de la TMC, por encima de todo; don Luis Mario —testigo entusiasta de la transformación súbita de la capital— varias veces abrigó la idea de derruir la construcción para edificar un rascacielos, pero Eusebio argumentó inmediatamente a favor de *las tradiciones* e hizo hincapié en que el abuelo se habría opuesto categóricamente al cambio, por lo que su progenitor claudicó. Era tanto el amor de Eusebio hacia la casa, que Constanza y él tenían su hogar en la planta alta, y juraba que jamás se cambiaría de allí.

A Eusebio Rebollar no le gustaban las alteraciones, amaba lo sedentario, y el brusco cambio de semblante, actitud y voz de su hermano no le dio en qué pensar, al contrario, lo llenó de satisfacción comprobar que en el fondo no había ningún problema serio. Juan estaba de nuevo *en lo que debía*: su trabajo. Tal vez era el momento de recomendarle que bebiera menos, pero... él mismo deleitaba ese placer, catalogable también dentro de *las tradiciones* familiares, que a ningún antepasado había hecho daño.

Juan fue a su privado y regresó con los originales del folleto de excursiones para el siguiente año y poco después ambos hermanos estaban enfrascados en la distribución definitiva de los textos y fotos, las características tipográficas y la aprobación del nuevo logotipo que aparecería en lo sucesivo en todos los impresos. Eusebio se había resistido al cambio, ahora, ante lo que iba a ser el resultado final (Juan le mostraba una prueba recién recogida en la imprenta) sus objeciones se desvanecieron. Las siglas TMC (el flamante logotipo) se esfumaban sin llegar a desaparecer, sobre el fondo más grato que hubiera imaginado: una foto a color de las oficinas de la agencia en la que cantaba su gala el señorial vestíbulo de la mansión, la monumental araña de cristal de Bohemia con todas sus luces encendidas, y bajo esa luz deteníase —intacta— la atmósfera de esplendor, buen gusto y paz que Eusebio conservaba en la memoria desde su niñez. Quedó encantado. La profusión de muebles no parecía tal sino la feliz consecuencia de una misma armonía. Y finalmente el lema: *Viaje con nosotros, con la tranquilidad del pasado y la velocidad del futuro*, era un placentero remate.

—¿Cuándo tomaron esta foto? —inquirió.

—Durante tu último viaje a Nueva York; quería que fuera una sorpresa, y mira, la *C* de *Cielo* desaparece... casi.

—Maravillosa foto —apreció Eusebio—. Justa imagen de la dicha, que es a lo que aspira el viajero... Los viejos estarían encantados con esta publicidad.

—Sin duda alguna —ratificó, orgulloso, Juan, quien no había pensado para nada en ellos.

Eusebio analizaba la prueba una y otra vez, como si estuviera empecinado en encontrarle algún defecto, propósito que pareció no tener resultados pues terminó el minucioso examen sin proponer el menor cambio, y concluyó:

—Papá nunca alcanzó a vislumbrar que lo peor de Cielo

no eran sus matices poético-religiosos, su implicación más grave —por no calificarla, en el mejor de los casos, de chistoso vaticinio—, es: muerte... ¿O no es el cielo la morada final?... ¿El último viaje?

La ironía, traviesa, pasó inadvertida para Juan que estaba arrebujado en su triunfo, de regreso a esa órbita dorada en la que la vida resultaba un regalo pletórico de inagotables placeres. Ningún pesimismo enturbiaba el horizonte y con su habitual inconsciencia olvidó los olvidos. Fénix contumaz, avizoraba nuevos vuelos —renacimientos, excursiones, ¿aventuras?—. Pasó a su privado dispuesto a trabajar arduamente, y optimista se dijo a sí mismo, en voz alta: *Nuestro hombre* está recuperado. Vagamente vino a él la idea de que había algo pendiente, pero, ¿qué era?, ¿tenía algo que ver con la imprenta? No lo supo. Tampoco supo por qué, de pronto, pensó en Gabriel Medina.

Juan Rebollar había cumplido treinta y nueve años al inicio de la primavera, y podía decirse —exagerando, claro está— que desde los veinte trabajaba en la TMC; a esa edad hizo su primer intento que duró casi un par de meses. Aquel ingreso se debió a su primer fracaso para encontrar un camino propio. Este descalabro obligó a su padre a pensar por él (cosa bastante fastidiosa para don Luis Mario), y en primera por no calentarse mucho la cabeza, y en segunda porque no era tonto, consideró que la agencia —y más en el futuro— sería una fuente de ingresos lo suficientemente productiva para que ambos hijos pudieran vivir de ella, con holgura. Debe aclararse que tomó esta decisión después de cerciorarse de que el primogénito lo aceptaba (y lo deseaba), con beneplácito, pues de haber tenido la menor sospecha de que Eusebio no veía con buenos ojos hacer sociedad con su hermano se habría dedicado a buscar algo distinto para el... inestable Juan, a quien, después de dos años de estudios, ya no le interesaba ser piloto aviador. Y como a su padre le interesaba menos no se molestó en indagar el porqué. (Juan nunca contó que había sido expulsado por presentarse siempre a las prácticas "en estado inconveniente" como eufemísticamente calificaron su conducta.)

A Eusebio, inclinado por naturaleza a la cimentación y la calma, no le pareció buen augurio el entusiasmo —casi frenesí— con que su hermano se entregó al trabajo desde el primer día y por lo mismo no le sorprendió que a poco andar (en ese caso más bien correr) abandonara el empleo porque ya había encontrado el verdadero camino al que dedicaría *toda su vida*: el tenis. Había practicado ese deporte desde los catorce años con bastante habilidad y frecuentes interrupciones, de modo que no era algo totalmente nuevo. Fue revelador y ardiente su comentario: Mira, la pelota tiene un bote cuyo sonido, como un ritmo, me indica hacia dónde y con qué velocidad y fuerza debo atacar. Haz de cuenta que se me diera una clave continua, ¡no puedo perder!, no estoy jugando contra los campeones del país, aunque pronto lo haré. Y ese entusiasmo fue compartido por el público del club que sonreía y aplaudía cada vez con mayor convencimiento de que aquel muchacho tenía verdaderas dotes de campeón, su elasticidad, su malicia, la celeridad con que estaba de un salto aparentemente fácil en cualquier extremo de la cancha, y ese regodeo certero y felino con que daba el zarpazo final... La celebración de los triunfos era igualmente apasionada, y en uno de ellos también se festejó su ingreso en la escuela de teatro (lo que implicó conocer a Natalia Krauss). Ser actor es compatible, hasta podría decir que se complementan, ¿no crees? Para la actuación también tenía grandes dotes, aunque en ese campo no llegaron a celebrar ningún triunfo. De cuando en cuando entraba *en receso*... y trabajaba de nuevo en la agencia. El matrimonio con Lucía invirtió las jerarquías: el primer lugar lo ocupó la TMC, y los *recesos* se los turnaban el tenis o el teatro. Con el paso de los años las interrupciones fueron menos frecuentes, pero no cesaron.

Cerca de las tres de la tarde su secretaria le recordó que tenía un compromiso de comida. No había advertido el paso del tiempo. Su cita era en un lugar muy próximo, iría caminando... Regresaría en un par de horas.

Ese día hubo un incidente más.

Daban las nueve de la noche y Lucía iba a empezar a preocuparse por su tardanza cuando lo oyeron abrir la puerta. Eusebio y Constanza estaban con ella en la sala cuando él entró. Vieron su rostro aturdido, risueño, y antes de saludarlos exclamó:

—¡Tengo una novedad! *Nuestro hombre* perdió su coche. ¡Me lo robaron!

IV

Ese día la sed lo hizo despertar. Casi dormido extendió el brazo, la mano abierta desplazándose lentamente hasta chocar con el vaso. El whisky puede ser todo lo bueno que se quiera, pero el agua es mil veces mejor. Le escurrió por las comisuras y no se molestó en secarse, las gotas resbalaron por el cuello, descendieron al pecho. Ya despierto se incorporó para llenarlo nuevamente y a sus ojos acudió una chispa de júbilo. ¡El coche no había sido robado! Cuando él concluyó la tartamudeante explicación en la que resaltó muy hábilmente la desesperación (no angustia, no, eso sonaría falso) que lo acosó durante dos horas de vueltas y vueltas de aquí para allá, sus tres interlocutores, al unísono, soltaron a reír y contaron que el señor Gómez —de la imprenta— había avisado que su coche estaba allá, en el estacionamiento... Enrojeció (y volvió a enrojecer por la misma causa con su segundo vaso de agua), ¡qué imbécil! ¡Claro, claro!... ¡Malvados!... Se incorporó hasta quedar casi sentado y encendió un cigarrillo. *Nuestro hombre* informa: Tiempo apacible, tibio, cariñoso, luminosidad, erección, alegría, buena memoria, *satisfacción del deber cumplido*, decía el maestro de ética en el bachillerato, pequeñas nubes, ¿por qué?... ¿Por qué?

Oyó los pasos de Lucía —atenuados por la alfombra— que subía la escalera. Entró. La miró. Sonrieron.

—¿Cómo amaneciste? —y se acercó a él para darle un beso en la frente.

—¡Bien!

Se esfumaron las preguntas. Lucía emanaba un aroma limpio y joven. La vio moverse por la recámara. Tomar el monedero. Se iba...

—Ven... —rogó.

Los cuerpos se encuentran, se despojan. Toda desnudez que sea bella tiene algo de intacto. La entrega es mutua y de ella nacen olas de placer y compañía. La piel por ropa es una miel tibia que absorben los poros de dedos

24

y labios. La plenitud con que ellos habían aprendido a compartirse era ilimitada. De pronto se podía anular la existencia de todo tiempo o espacio: solamente gozo. El paso a la laxitud normaliza las respiraciones, y el reposo acarrea un sueño agazapado que se abre camino en el deslizar de los segundos y la penumbra de la alcoba. Los párpados caen como un manto, pesado y mullido. Ella se zafa de él. Oye sus pisadas menudas y firmes y la entreví con la bata en la mano. Un momento después fluye el agua en el baño. También fluye él, todavía. Se contempla. Qué hermoso. Lo cobijó con las manos. Durmieron.

Cuando Lucía regresó —recién bañada y peinada—, su cuerpo delicado y ágil, el pelo muy corto, parecía adolescente. Su rostro se llenó de ternura al ver al marido desnudo, indefenso, que dormía apaciblemente como niño. Pensó en cubrirlo con la sábana pero descartó la idea. No era necesario puesto que solamente ella estaba en casa; ella y Cenobia, pero ésta jamás cometería el desacato de entrar en la recámara mientras durmiera el señor. La peculiar Cenobia, ¿estaría enamorada de su marido? ¡No, no! —clamó la razón. Era algo muy distinto. Cenobia tenía naturaleza de... nana, no de amante. Sin lugar a dudas quería más a su marido que a ella, y eso se debió a otras causas. Juan necesitaba mayor cariño que todos, lo intuía hasta Nelly... hasta Ricardo. Con frecuencia —en esos curiosos juegos que suelen tener los niños fingiendo ser adultos—, los había oído decir: Hay que mimar a papá, o, ¡Cuida bien a papá! —con acento de perentoriedad, cual si ella les hubiera encomendado, solemnemente, aquella urgencia. ¿Lo había hecho? ¿No era acaso factible que transmitiera a los demás su angustia, sin expresarla, sin pretenderlo? En realidad ese problema solamente lo había tocado con Constanza, bajo buen cuidado de no ser escuchada por terceros pues quería evitar que alguien más, de casa, tuviera que compartir aquella congoja. Aunque, claro, Cenobia no precisaba de palabras para enterarse de las cosas. Las *sabía*. Y eso, después de todo, no resultaba una impertinencia sino un consuelo. Contaba con un respaldo físico, sólido, inalterable como un árbol, pues Cenobia parecía más bien nacida de la tierra que de vientre.

Contempló a su marido. Con placidez, su pecho subía

y bajaba con ritmo uniforme, y sobre su cara no había la menor huella de tensión. A ella le aterraba esa expresión de culpa solapada o miedo reprimido que él adquiría cuando pensaba que no era observado, o cuando, en un descuido, él se olvidaba de la proximidad de otras personas y entonces Lucía había visto suceder algo extraño que no sabía cómo calificar: ¿Se le caía una máscara? ¿O se ponía una máscara? En uno u otro caso el nuevo aspecto era desolador, sobre todo porque reflejaba un estado de ánimo, una parte muy profunda de él, a la que ella no tenía acceso, y los intentos de acercamiento parecían no haber sido comprendidos, o no tener ningún sentido puesto que no había nada que explorar. Ningún misterio. Hoy Juan —dormido— tenía la tranquilidad del hogar, de la luz del sol que desde muy temprano había inundado el espacio con la tibieza de junio en las primeras horas de la mañana, y eso la anegaba de dicha como si alguien le hubiera devuelto un don que, injustificadamente, le había sido arrebatado.

Seguía allí, de pie, contemplándolo, incapaz de moverse por temor de causar una hecatombe, o simplemente provocar que los malos espíritus vinieran a posesionarse de él si abandonaba su puesto de centinela. Y tendría que irse. Tenía que bajar pues Cenobia esperaba el dinero para ir al mercado. Sin hacer ruido y sin querer pensarlo más, corrió.

Tac, toc, tac, toc, cantaba la pelota de un lado a otro de la cancha mientras hacía ejercicios de calentamiento con Lucero (el entrenador) pues había sentido que tanto brazos como piernas estaban duros, torpes, como si hiciera meses que no practicara. Tac, toc. ¿Parrandeó mucho anoche? Tac. Un poco... No se apure, en diez minutos lo dejo listo, ¡relájese! Tac, toc, tac, toc. Hay mucho público, ¿los oye? No respondió. Sí, los oía: escuchaba un ruido sordo, confuso, como de río que crece. ¿Vienen siempre tantos? Toc. No, estas semifinales no jalan mucho público, vienen por usted. Tac, toc, tac. ¿Por qué por mí? Porque esperan que venza a todos, lo quieren para campeón. Tac, toc, tac, toc, tac, toc, tac, toc, tac... ¡Ya, Lucero! Ya es hora de que esté allá, me bañaré en un minuto. Caminaron. ¿Quiere echarse una copa? Nadie verá, se la llevo a la regadera. Le caía el agua —helada— sobre la cabeza cuando se aproximó Lucero. Extendió el brazo para acercarle la bebida: ámbar, centelleante, llena de vida y brillo. Paladeó la gloria, el reverdecer de un seco labradío tras la primera y anhelada lluvia del año. ¡Qué delicia! Lucero conservaba en la otra mano la botella y el agua mineral. El triunfo fue rotundo y doble, nadie advirtió que había bebido. Celebró ambos acontecimientos con la convicción de que había consumado una victoria más profunda e íntima de lo que jamás podría imaginar el grupo que lo festejaba. Había medido, había calculado a la perfección y eso logró que su oído fuera fino como el de un perdiguero, la vista de águila, y la velocidad de la flecha. Había escuchado y aprendido la clave secreta.

Despertó con el recuerdo de su triunfo en el rostro, eso ameritaba una fiesta, hacía mucho que no tenían una reunión en grande y sería muy oportuno aprovechar estos hermosos días que parecían el vaticinio del éxito que tendrían en sus labores de turismo para 1966. Además, si la fiesta es en la casa no puedo *perderme* o *no saber* dónde estoy. Se rió. Era pueril lo que estaba ocurriendo en las últimas mañanas... y noches. ¡Sí, pueril! ¡Falso! ¡Teatral! Todo es cuestión de comer bien, con abundancia, y medir, eso es fundamental: medir. No pasarme. También se debe a que trabajo demasiado, no muchas horas, pero sí con intensidad. El mes próximo vienen las vacaciones escolares y podíamos tomar un buen descanso con los chicos, pues además los he visto muy poco en estos meses. Los primeros ejemplares de los folletos estarán listos en diez días. Le pareció aspirar el olor de tinta y papel... ¡Qué hermosa mañana! Antes de llegar a la agencia pasaré al banco, ¿con quién como hoy? No tenía compromiso. Raro, pero cierto.

Lucía subió otra vez.

—Te invito a comer —exclamó él apenas entró ella.

—¿De veras? ¿Tú y yo solos?

Él asintió satisfecho.

—Ve por mí a las dos y media. Quiero dar una fiesta el sábado próximo y en el restaurant precisaremos detalles. Hace mucho que no estamos tú y yo solos en un sitio. ¿Y sabes? Se acercan las vacaciones de los niños, podríamos ir todos juntos.

Lucía interrumpió:

—Por favor no se los digas hasta que no estés seguro, el año pasado los entusiasmaste inútilmente.

—¡El año pasado tuve muchos problemas! ¡Pero, de acuerdo! No abriré la boca. Será sorpresa para ellos.

—¡Loco! —exclamó Lucía sacudiendo la cabeza y volvió a bajar a la carrera, con las llaves de la despensa en la mano, pues Cenobia había perdido las suyas.

Viajaremos, sí, nos hace falta. El único que podría oponerse es Eusebio y no creo que lo haga. Hemos ganado mucho últimamente. En realidad Juan jamás había sabido cómo iban las finanzas, pero era obvio que marchaban bien. Cada vez que se le ocurría cambiar de coche o pedirle alguna suma importante a su hermano se la entregaba sin, no digamos objeciones, ni siquiera alguna suave recomendación de que fuera más cauto en los gastos. Tac, toc, empezó a sonar la pelota en su cerebro.

Se sentó en la cama y sacó las piernas del lecho, al posar los pies sobre la alfombra una punzada golpeó sus sienes. Lo asaltó una sensación de inseguridad y malestar general. Se puso de pie y un leve mareo lo enceguecerá brevemente.

Dio un paso, y, con esa impiedad con que el recuerdo solía regresar, vino el miedo —estrujante— al sentir el declive bajo sus pies.

28

V

EL JARDÍN, bajo el cuidado inagotable de Benjamín, era tan bello que producía una sensación de irrealidad, como si se hubiera uno introducido en un refugio encantado, ajeno a la ciudad, sobre todo en esa tarde de junio en que, obstinada, la luz del crepúsculo dilataba su eclipse sobre el aún caliente vaivén del aire que, de cuando en cuando, mecía las ramas más altas de los sauces y fresnos. La concurrencia, en nutridos grupos, se esparcía por jardín, terraza y comedor, llenando la atmósfera de voces confusas y risas alegres.

—Escogiste la tarde perfecta —le dijo a Juan uno de los invitados—, yo hubiera jurado que iba a llover.

—No creas que fue casualidad. —Fue la orgullosa respuesta.

Se detuvo con ellos a deleitar la frescura y luminosidad del atardecer. Vio su reloj. La fiesta se había iniciado a las cinco, hacía más de dos horas y media, y él —no había duda— era un excelente anfitrión: había atendido a todos y cada uno. Detuvo a un mesero y tomó un whisky. Muy justo que empezara a divertirse y disfrutara plenamente la *satisfacción del deber cumplido*. De un trago vació la mitad del contenido e hizo una mueca de desagrado. Buscó con la vista a algún mesero sin descubrir a ninguno. Allá, cerca de la puerta del cuarto de plancha, estaba Benjamín marcialmente erguido para que su nívea filipina no se arrugara; él no servía bebidas en las reuniones grandes, pero le gustaba vestirse como ellos y estar pendiente del menor deseo de sus patrones y sentirse —en cierto modo— el director de toda la función. Vio los ojos de Juan y se acercó, presto, a ver qué se le ofrecía.

—¡Sin hielo! —exclamó extendiéndole el vaso—. Dile a todos que nunca tomo hielo...

—Sí señor... —magnífica ocasión de recordarles que no sabían hacer bien las cosas a pesar de tantos años de servicios. Antes de tres minutos regresó con otro vaso—. Como al señor le gusta...

—Deberíamos tener una gran marina mercante y compañías transatlánticas que aprovecharan todas las posibilidades que están a nuestro alcance... ¡Imagínese! Un crucero que parta de Tampico por toda la costa del Golfo en ruta hasta Panamá y luego subir la costa del Pacífico hasta Ensenada... ¡Sería una permanente y abundantísima fuente de ingresos!

—Y en avión, don Eusebio, ¿viajamos mucho?

—Cada día más. ¡Aunque es un fenómeno muy reciente! Les va a sonar increíble pero la primera línea europea que estableció servicio constante entre México y el viejo continente va a cumplir apenas trece años de labores en nuestro país.

Con su cuarto whisky (sin hielo) en la mano, Juan se desplazó hacia otro grupo. ¿Cómo es posible que Eusebio pueda hablar siempre horas y horas sobre el mismo asunto?, se preguntó subiendo los escalones. Era ya plena noche y más agradable la temperatura. Cenobia vigilaba que los meseros retiraran los últimos platones, vacíos, del comedor. Oyó que en la sala alguien tocaba el piano y alguien cantaba. En un rincón descubrió a Gabriel Medina —que aún no terminaba de comer— y se acercó a él esforzándose por recordar desde cuándo no se veían. No lo logró.

—Hola, doc, no te había visto. ¿Te atendieron bien?

—No hace falta, me las ingenio.

—No tienes copa.

Pasaba corriendo Ricardo, lo detuvo.

—Dile a Benjamín que nos mande un vodka para Gabriel y un whisky para mí.

El niño tomó el vaso que le entregaba su padre. Lo observó sonriente.

—¿Ya te vas a emborrachar? —inquirió con cierta admiración.

—¡Niño! ¡Eso no se dice! Yo jamás... —trató de no reírse y le dio un leve golpe en la mejilla. El chico corrió dando saltos.

—La regla falla —dijo Gabriel—, él dice la verdad, tú no. ¿Con motivo de qué es la fiesta? No es cumpleaños de ninguno, que yo recuerde...

—¡Por nada! ¡Por el gusto de ver amigos... y estar contento! A los aniversarios los ahoga su trascendencia, quieras que no siempre surge un momento de solemnidad... Me hacía falta ver gente. Hablar estupideces, escucharlas... Ver mujeres hermosas y bien ataviadas, ¿dónde está Marina?

—Con tu esposa, que le iba a enseñar no sé qué.

Como de costumbre, charlaban fluidamente, eran amigos desde niños. El doctor Medina terminó el postre y encendió su pipa, lo miró fijamente y eso conturbó a Juan, como si le estuviera haciendo una muda pregunta que él debería saber. Y la interrogante regresó: ¿cuándo nos vimos?... No se atrevía a aclararlo. De pronto Gabriel se puso a hablar con mucho entusiasmo de unos libros que acababa de adquirir y eso disipó sus temores, respiró tranquilo.

Ricardo y Benjamín llegaron con las bebidas.

—Vamos a sentarnos, me hace falta un descanso —y dirigiéndose a Benjamín indicó—: Estaremos en la biblioteca.

Tardaron en llegar a ella pues fueron detenidos numerosas veces para hacer un brindis aquí, contestar a un saludo allá, ser presentados a...

—¿De dónde rayos sacas tanta gente? —inquirió Gabriel intrigado, cuando estuvieron a solas.

Juan soltó a reír, le divertía ver incómodo a su amigo.

—De todos lados... y faltan los actores que, por razones de trabajo, llegarán más tarde. Ya sabes que *mis* mundos son numerosos, jamás seré ermitaño como tú. Además hay muchas amistades de Eusebio y nuestros clientes principales, entre los que están las embajadas, que es un amplio círculo que cambia de continuo. A propósito de *mis* mundos, ¿has visto a Lucero?

—Lo tuve internado durante un mes. Está peor cada día, y hecho un esqueleto. No le queda mucho tiempo de vida. Me ha preguntado por ti varias veces pero, francamente, creo que es mejor que no lo veas. Es un despojo humano, muy impresionante.

Un escalofrío interno recorrió a Juan arrepentido de haber tocado ese tema.

—No, no quisiera verlo. La última vez que lo hice no se me borró su rostro en meses, su nuevo rostro, porque es totalmente distinto.

Tac, toc, el bote de la pelota no perdía ni su frescura ni su fuerza en el recuerdo, en cambio los trazos de su entrenador eran irrecuperables. Se me desinventa —se dijo tratando de ocultar el temblor que lo recorría—, no puedo verlo como *fue*. Tac, toc, tac, toc, el sol en la cancha, sus manos empapadas de sudor pero firmes, la pelota que pasa mañosamente a un milímetro de la red, el aplauso por el punto a favor. Cambio de juego. Lucero, sin rostro, le traía las pelotas, murmuraba: Va bien mi campeón.

—No te olvides de mandarme sus cuentas.

—Ya las pagaste... ¿O las paga Eusebio?

—Bueno, no, se cargan a mi cuenta. El buen Eusebio siempre me ha evitado problemas de números. Ya sabes que, desde mi boda, él le da mi sueldo, o buena parte de él, directamente a Lucía.

—Y eso, ¿no te molesta? —y la pregunta expresaba intriga y sorpresa.

—En lo más mínimo. Me resulta cómodo, y amo la comodidad. Me molestaría en cambio que un día, a mitad de quincena, le dijera a Lucía que ya se me acabó el dinero. ¡Cosa que podía suceder fácilmente! —y su comentario lo divirtió mucho, para preocupación de Gabriel. Después, sentenció—: No creas, Eusebio es sabio. Y me conoce bien...

—Yo te recomendaría que llevaras tú solo tus asuntos.

—Me darías un mal consejo. Si yo los llevara, no tendría dinero. Al no encargarme de ellos soy un hombre rico.

—Pero no sano.

—¿Qué quieres decir?

—Que tu actitud no es la de una persona responsable de sí misma.

—¡Oh...!

—Juan, ¿cuándo te voy a ver en consulta?

—¿A mí? ¿Por qué?

—Porque el martes de esta semana, hace cuatro días, me lo pediste —recalcó mirándolo ahora sí inquisitivamente—. ¿No lo recuerdas?

—¡Claro que sí! ¡Pero era una broma!

—A mí no me lo pareció... No me parece.

Y fue una fortuna que la puerta se abriera para dar paso a Benjamín con otro whisky, y más aún que dijera:

—Llegó el capitán Zermeño, dice la señora que si va por favor a la sala.

VI

Sus sienes eran golpeadas con saña como un tambor que no sigue un ritmo, por un invisible y demente ejecutante que tratara así de vengarse de su mala conducta. ¡Y era tan fuerte el dolor! No quería abrir los ojos. No quería estar despierto, aunque lo estaba por segunda vez. La primera había sido a las ocho y media de la mañana, totalmente sumido en una imprecisión báquica que hacía que la imagen de paredes, muebles y techo, fuera borrosa y oscilante hasta el mareo. Lucía dormía. La calma dominical —para él, angustia— se estancaba, pantanosa, en la penumbra de los rincones. El horror era vivir *eso*, solo. No existía su esposa, no existían sus hijos ni tampoco el hogar; no *podían* existir dentro de ese estado anímico cada día más frecuente y prolongado. Sintió un pavor irracional pues estaba apresado en una cárcel impalpable cuyas rejas —las percibió oscuramente— se aproximaban más y más. Temblaba. Y, sin embargo, dentro de aquella desequilibrada inseguridad, pudo, con una habilidad de delincuente, abrir el cajón del buró, sacar las escondidas pastillas de barbitúricos y tragarlas sin hacer el menor ruido. Durante unos diez o veinte minutos sus dientes castañetearon y luego se durmió otra vez.

La segunda vigilia fue provocada por un agudo grito de Nelly seguido de alegres carcajadas de sus hermanos. Con desorbitados ojos volvió a recorrer visualmente su ámbito. Ahora era un fugitivo a quien habían golpeado sin misericordia, y lo perseguía la risa incontenible del capitán Zermeño —el *Barbaján* Zermeño le decían en la escuela de aviación—, una risa estentórea cuyos malévolos ecos se reproducían a mayor volumen en su cabeza hasta hacerla un caos desenfrenado e hiriente. A veces, cuando escuchaba con nitidez y pánico esas risas —o voces, gritos, lamentos— que sabía inexistentes, pensaba que estaba a un paso de perder la razón. Yacía solo en el lecho, Lucía debía estar abajo con los niños, pero a pesar de ello no podía gritar para exteriorizar su horror, porque si lo ha-

33

cía, si llegaba a ese extremo, entonces... Todos los ruidos de la fiesta vinieron a él. Entró en la sala feliz de alejarse de Gabriel, y de repente, con fuerza ensordecedora un conjunto de mariachis soltó a tocar, justo en el instante que él se preguntaba *cuándo* habría invitado a Javier Zermeño pues (de eso *sí* estaba seguro) hacía meses que ni siquiera pensaba en él. Las trompetas lanzaron al aire sus potentes acordes secundados por los guitarrones y violines y llenaron de contagiosa alegría a los invitados cuyas voces subieron de tono, y por distintos puntos brotaron gritos espontáneos. Lucía y Marina charlaban con *el Barbaján*, quien al ver a Juan se separó de ellas para adelantarse a abrazarlo. El entusiasmo se hizo general y con nuevos bríos circularon las bandejas con bebidas por todos lados... Ahora sólo queda el ruido, la alharaca retumbando en su cerebro nebuloso. Deseaba dormir, no recordar a Natalia Krauss, ¡a nadie! Sus movimientos fueron torpes y lentos cuando tomó el reloj: las doce. Vendrán a comer Constanza y Eusebio. ¿Es grave que Ricardo me haya dicho eso? Bostezó. Sus párpados pesaban. ¿Qué entiende él? ¿Qué oyó? Porque algo oyó. Ellos se fueron temprano, no me vieron... Cerró los ojos y los barbitúricos continuaron su labor, volvió a caer en un sueño profundo.

Cuando despertó por tercera vez una gran laxitud lo invadía; la consiguiente calma que sucede a las tormentas. Sí, sería muy grato irse de vacaciones con los niños y Lucía, de preferencia al mar, y estar solos, nada de fiestas, ningún invitado; también podría venir Cenobia y que Benjamín se quede cuidando la casa. El mes próximo tomaré una cura de reposo... —y este simple enunciado lo llenó de esperanzas a la par que borraba de su mente la reciente ansiedad.

Juan Rebollar era un hombre fuerte sin llegar a atlético, su constitución ósea de largas extremidades conservaba un aspecto vigoroso y deportivo del cual estaba bastante complacido. Su cuerpo —hasta hacía poco— no le había dado pesares sino deleites y sentir en los últimos días que ese foco de vida podía trocarse en fuente de dolores lo impresionaba como si de súbito tuviera que enfrentarse a una traición; traición en la que —como suele suceder— el afectado era el último en enterarse, y este conocimiento le llegaba cuando ya la labor subterránea había avanzado quién sabe hasta qué punto ni a partir de cuándo. Pero en esta batalla sorda y encubierta percibía que el traidor —de alguna tortuosa manera— era él mismo y eso llevaba a su boca un sabor de cobre y a su cabeza el desconcierto, que producía una sensación de incomodidad y casi de vergüenza semejante a la que experimentó tiempo atrás, frente a Lucero.

Hacía años de eso, Nelly era entonces una niña de brazos. Juan enfermó de mal de crup y Gabriel lo recetó e inyectó el suero antidiftérico. Al día siguiente y a pesar del terrible dolor en la garganta él insistió en fumar y envió a Benjamín a que le comprara un par de cajetillas aunque Lucía se oponía. Benjamín regresó con los cigarros y el vuelto de los cien pesos que le había dado. Dejó ambas cosas sobre el buró y se retiró después de desearle que se aliviara pronto. Automáticamente Juan guardó una cajetilla en el cajón y abrió la otra. Dolía, sí, pero no tanto... Podía soportarlo. Apenas llegó Gabriel protestó enérgicamente por el humo y ordenó que no se le permitiese fumar. Lucía explicó que se había opuesto pero que él no hizo caso y envió a comprar... ¡Pues quítale el dinero! En un sanatorio no fumaría. A ver, ¿dónde lo guarda? Y Lucía, encantada, le indicó cuáles eran sus escondites. Gabriel se posesionó del efectivo y confiscó también la cajetilla a la par que el vuelto que estaba junto. Sólo quedaron sobre el buró treinta tristes centavos. Pero Juan sonreía porque no sabían de la existencia de su otra cajetilla. El médico se despidió después de informarles que iba mejor, que la fiebre desaparecería totalmente en las próximas horas y mañana volvería a verlo. Poco rato después también salió Lucía pues tenía que llevar a la niña con el pediatra a su revisión mensual. Juan dormitó un buen rato hasta que un ruido en su cuarto le hizo abrir los ojos. Era Benjamín para decirle que abajo estaba el señor Lucero que había venido a saludarlo. Juan le indicó que subiera. Lucero había abandonado su trabajo de entrenador desde hacía varios años, pero de cuando en cuando asistía al club en busca de la generosidad de algunos de sus antiguos empleadores. Como Juan también asistía poco y nunca en fecha fija rara vez se veían hasta que, después de muchas peticiones, lo convenció de que fuera a buscarlo a su casa cada quincena. Pero Lucero no era muy constante y podían pasarse hasta dos meses sin que se presentara; la única condición que puso a sus visitas fue que no llegara borracho, y casi cumplía con el requisito. Lo vio entrar, lento, encogido, con una frustrada sonrisa en el rostro y urgido de dar una disculpa: Vine porque me dijo el doctor Medina que estaba usted enfermo, mi campeón, ¿qué le pasa? Juan explicó su mal y agradeció la visita. Lucero acercó una silla y se sentó frente a él. Transpiraba aguardiente y su aliento era fétido; a veces una nerviosa risita aparecía en sus labios temblorosos. Juan probó numerosos temas de conversación pero todos caían en el vacío y resultaba patente que minuto a minuto Lucero se ponía más nervioso. Echaba continuas miradas de reojo al buró y la ansiedad le resecaba los labios. Él sacó la cajetilla escondida y le ofreció. Una larga fumada pareció calmarlo y darle fuerzas para exclamar: Si me pudiera prestar dinero... Él le explicó que no tenía ni un billete y de paso le contó el incidente con Gabriel; le dijo que si quería esperar a que regresara Lucía ella le daría. Lucero parecía no escucharlo y su nerviosismo aumentaba así como sus miradas torvas hacia el buró, hasta que desesperado dijo: Déme eso... —señalando con la vista las monedas de cobre. Sorprendido y avergonzado Juan no sabía responder, sentía que darle treinta centavos equivalía a denigrarlo. Murmuró: No te servirá. El otro sacudió afirmativamente la cabeza: Sí, sí me sirve —y extendió la mano. Juan se sintió aliviado al ver que se levantaba rápidamente y se despedía. No quería verlo. Sin embargo lo detuvo antes de partir: Dile a Benjamín que suba y espéralo abajo mientras. Muy incómodo aguardó que subiera y le ordenó que le sirviera una copa a Lucero y que le diera una botella, la que él quisiera. A pesar de lo mucho que lo había impresionado el incidente no quiso contárselo a Lucía cuando regresó.

El recuerdo fue tan vivo que le dio la sensación de que Lucero acababa de estar con él. ¡Tenía que huir de los malos recuerdos, propios o ajenos!

De pronto se sintió con imperiosos deseos de bajar y besar a sus hijos y esposa; los quería entrañablemente y tenía que demostrarles su amor y resarcirlos de... ¡Qué bueno que venían Constanza y Eusebio a comer! ¡Cómo los quería también a ellos! Brincó del lecho y fue grato ver que nada le dolía. Su cabeza estaba despejada, su cuerpo firme. Oyó voces en el jardín. Corrió al baño.

Era un día caluroso; bajó vestido de short y playera. Sobre la mesa del comedor lo esperaba el vaso de jugo y la cafetera, caliente. Mérito de Cenobia sin duda alguna, se dijo llenando la taza. Oía las voces de Constanza y Lucía en la terraza. Se puso los lentes oscuros para evitar un dolor de cabeza y salió a encontrarlos.

Los tres hijos corrieron a besarlo. Buscó el rostro de su esposa para ver si no había en él reproches y la felicidad lo invadió. Lucía lo miraba condescendiente. Hoy no tomaré ninguna copa, se prometió a sí mismo. Ya me perdonó lo de Natalia... ¿Qué fue *exactamente* lo que pasó? —no lo supo, pero ante la actitud de su esposa se relajó, y agregó—: A la mejor ni fue grave...

—¿A las cinco treinta? —exclamó Constanza.

—Sí... el *Barbaján* hace honor a su mote; te juro que pensé que no se iba —le respondió Lucía y agregó—: ¿No te contó que se está divorciando?

Entretenidas ambas en aderezar una ensalada de camarones y almejas, contestó la otra mucho después:

—Sí, me lo dijo.

—¿Quieres un vodka? —preguntó Eusebio a Juan.

—No, quiero un inmenso vaso de jugo...

Lucía oyó una carcajada general y levantó la vista.

—¿Qué pasa?

Y fue Juanito quien le respondió:

—Que Cenobia de nuevo adivinó lo que quería papá, mírala con su jarra de jugo, y, ¿ya oíste? —lo preguntaba con el rostro lleno de júbilo— ¡Nos vamos el mes próximo a *Las Estaciones*!

—¿A Acapulco... tu papá lo propuso?

—Fue tío Eusebio, nos ofreció su casa, ¡y papá aceptó!

La alegría que reinó fue ruidosa, intensa, todos sumergidos en el sueño del mar. Lucía se sentó junto a su esposo y se tomaron de la mano. Él la acariciaba suavemente, y después de un rato ella también correspondió. Constanza dijo que iba a buscar su bolso y penetró en la casa en el momento en que sonaba el teléfono. Regresó unos minutos después y les informó:

—Era Marina, preguntó si aún no comíamos, y si los invitábamos. Están muy cerca. Les dije que viniesen... ¿Hice bien?

Todos aprobaron con beneplácito, pero Lucía —que tenía entre las suyas la mano de su marido— sintió que Juan se ponía tenso, frío, aunque su rostro no reflejaba ninguna emoción. Se acercó a él, y casi al oído le preguntó:

—¿Te molesta que vengan?

Él tardó mucho en oír su pregunta, entenderla y responder.

—No, no, en lo absoluto... Sabes que los quiero mucho.

Y era cierto, pero no la convenció. Se levantó para disponer los nuevos lugares en la mesa, aunque ya Cenobia estaría haciéndolo. Juan se sirvió más jugo y recordó las lentas, sentenciosas, palabras de Gabriel: *Yo te recomendaría que llevaras tú solo tus asuntos*, y pensó —ahora con desagrado— que había hecho todo lo contrario y aceptado al primer ofrecimiento la casa de Eusebio, cuando él no quería esa casa porque allí estaba *el declive*, palpable, torturador. *Tu actitud no es la de una persona responsable de sí misma* —de nuevo la voz de Gabriel que tal vez hasta tuviera la impertinencia de preguntar cuándo le iba a dar consulta. Además, ¿a qué hora se fueron ellos anoche?

—Pensé que no ibas a beber —le dijo Eusebio.

—¡Hace tanto calor que se me antojó la tuya!

—Si he sabido habría pedido jugo yo también...

—¡Por Dios! ¿Te imaginas?... nosotros dos... ¡Abstemios! Don Luis Enrique y don Luis Mario no lo aprobarían, dirían que estamos... rompiendo las tradiciones. ¡Salud! Por el fantasma de los viejos...

—Serán *los* fantasmas —corrigió Eusebio, sonriendo.

—¡No! —gritó Juan— Es uno solo. Piénsalo bien...

—¡Ya llegaron! —anunció Cenobia.

Juan se sirvió su segunda copa.

VII

EL SOL reverberó toda la mañana sobre las olas, frente a sus ojos protegidos por gafas oscuras. La cabeza no se la había cubierto y ahora la sentía arder a la par que todo el cuerpo renegrido después de ocho días de vacaciones. Como estaba solo se había desnudado totalmente (el resto de la familia se marchó a La Costera a tomar helados), y aprovechó la circunstancia para disfrutar el nudismo que antes, ahí mismo, solía practicar. *Dondán* —su cobrizo rostro cada vez más arrugado, lo recordaba; sonrió mostrando una dentadura reluciente y completa cuando lo vio quitarse el bikini, y dijo: "Como antes, niño." Juan recomendó: "Estás pendiente, cuando los oigas regresar, me avisas." Se tendió primero boca arriba pero con buen cuidado de dar la espalda, a medias, al cobertizo que había evitado ver desde la llegada, lo que resultaba... enfermizo. Ante sus ojos quedó un paisaje de rocas descendentes que permitía vislumbrar otras playas distantes. De niño, e incluso de joven, a Juan le gustaba imaginar que se hallaba en el fin del mundo, en un refugio inexpugnable. Hacia el oeste, a unos cuantos pasos de donde estaba tendido, la costa se cortaba verticalmente, y el acantilado descendía por metros y metros (los muros de un castillo) de roca impasible ante la constante batalla del mar.

Aunque la casa quedó terminada en 1939 —un año antes de la muerte de don Luis Enrique—, el viejo Rebollar no llegó a conocerla pues se negó terminantemente a realizar un viaje tan largo y complicado para ir a ver "agua y piedras". No se opuso a aquella absurda compra porque jamás obstaculizó los caprichos de su hijo aunque en su interior se burlaba de él por ese candor que lo hacía creer que aquel sitio salvaje tenía algún porvenir. De joven había sido un viajero infatigable —de allí el espíritu de la fundación de la TMC—, pero cuando se acercó a los sesenta se conformó con planear los viajes de otros. Fue un ferviente idólatra de la Ciudad de los Palacios, y ni Cuer-

39

navaca ni ningún otro sitio de veraneo próximo despertó su interés. Era gente de ciudad, no de campo, y como murió antes de que la capital se convirtiera en una monstruosa urbe no cambió de opinión. El propio don Luis Mario tampoco se imaginó que aquella adquisición —de carácter más bien romántico— llegara a ser una de sus más afortunadas inversiones. Todavía albergaba dudas al momento de firmar la compra y, de no haber sido por el entusiasmo —francamente delirio— de Eusebio y Juan, habría desistido, pero no se atrevió a privarlos de algo en lo que ponían tamaña pasión. La propiedad tenía un poco más de diez mil metros "y el mar" —dijo Juan—, y la casa, de dos pisos, se construyó lo más próxima al límite de las rocas que empezaban a sólo seis metros de la puerta vidriera de la sala. La fachada principal quedó hacia el norte y al jardín que la precedía se le pusieron cuatro fuentes que algún día iban a tener figuras alegóricas de las cuatro estaciones, y agua (lo segundo se cumplió pronto. lo primero años después), por lo anterior, se bautizó a la finca como *Las Estaciones*; en el jardín del costado sur se hizo la alberca y a su alrededor se sembraron frutales y enredaderas. En la planta baja había dos recámaras, en la alta ocho, y cuando los amigos de ambos hermanos coincidían —cosa que no gustaba a ninguno de los dos—, resultaban insuficientes. Con el tiempo hicieron un pacto y se turnaron las visitas. También con el tiempo a don Luis Mario le molestaron los rayos solares del atardecer que calentaban excesivamente la sala, y mandó construir un cobertizo de cemento armado, con una pendiente muy pronunciada que decidió cubrir de palapa. El límite de ese cobertizo volaba ligeramente sobre las rocas, y aunque su edificación fue muy rápida y pronto se retiraron las cimbras, ese año don Luis Mario estuvo achacoso, por lo que no pudo viajar y dar su visto bueno a la obra, que permaneció inconclusa más de un año en espera de esa indispensable aprobación, y no se cubrió de palapa ni se retiró un plano inclinado que daba acceso al techo. Durante las vacaciones escolares de aquel año y como consecuencia de su mala conducta don Luis Mario envió a Juan a Acapulco con la prohibición de llevar amigos. Al oír tal decisión Eusebio rió y comentó que a él no le parecía aquello un castigo, sino todo lo contrario. Pero su padre explicó que la penitencia estribaba en la obligatoriedad del hecho y, precisamente, "en la soledad que es una de las peores sanciones que se nos pueden imponer."

Lo primero que hizo en aquellas vacaciones punitivas fue correr al jardín para ver la nueva obra de la que tanto se había hablado en casa. Juan tenía fobia a las alturas, cosa que se reprochaba como si se hubiera tratado de una gran cobardía, pero evitaba, siempre que le era posible, caminar sobre un plano inclinado. Por lo tanto, le chocó en seguida la presencia de aquel tablón inseguro, como si, por el simple hecho de estar ahí, alguien pudiera obligarlo a subir por él. De pilar a pilar de la cubierta se había tendido un barandal de fierro que ahora servía de mirador; el piso, brillante de limpio, era de mármol veteado de rojo caoba, amarillo y verde. Después de su inspección corrió a desnudarse y pidió a *Dondán* que le llevara una cerveza helada a la alberca, que acabó de un tirón antes de echarse el primer clavado. Luego de nadar un par de horas suplicó al sirviente que corriera a traerle una bata. El sol estaba a punto de ocultarse y temblaba de frío. Tras esto, con aires de gran señor, ordenó a *Dondán* que sirviera la cena y trajera una botella de coñac y copas. Yo no voy a beber, niño —replicó el hombre. Juan respondió: Anda, mentecato, que no es la primera vez que nos emborrachamos juntos, si no lo haces, te acuso. El otro, contrito, obedeció.

Esa noche, a mitad de la botella de coñac, con gran solemnidad, *Dondán* le rogó:

—Niño, le voy a pedir un gran favor, concédamelo antes de que lo pida, se lo ruego. Es algo para mí muy serio... y de vida o muerte.

Su tono era casi trágico y Juan —que lo recordaba desde su infancia— tenía cariño hacia el criado. Enternecido por su dolor, y por el alcohol, respondió rápido:

—Lo que quieras, *Dondán*, digo que sí de antemano.

—Gracias niño. El favor es que acepte de buena gana lo que voy a decirle... Pues bien: no puede usted traer a ningún amigo a la casa. Tengo órdenes terminantes de no permitirlo.

—¡Viejo cochino! —gritó furioso refiriéndose a su progenitor. La ira lo cegó, pero apareció una luz que al mismo tiempo le ofrecía venganza—. ¡Engáñalo, *Dondán*, miente!

41

—era una orden-súplica—. Déjame traer a quien yo quiera pero no le digas una palabra.

—No puedo, niño. Juré cumplir. Mientras esté usted aquí tengo órdenes de escribirle cada lunes para contarle cómo se porta, y también tengo que ir cada viernes al pueblo para llamarle por teléfono y decirle cómo se encuentra.

—De modo que serás mi carcelero... ¿Vas a decirle cómo me porto? ¿Vas a contarle que desde la primera noche *nos* emborrachamos?

—Usted sabe bien que de eso no puedo hablar...

—¿Y eso no te parece mentira?

—Bueno, él no me dijo que lo cuidara de no beber, lo prohibido es que vengan amigos.

—Y como para ti eso de que los *niños* beban no es pecado —replicó con sarcasmo.

El hombre cayó de rodillas y unió las manos en plegaria.

—Niño Juan, por Dios, niño Juan, ¡no me diga eso! ¡Se lo ruego!

Juan se puso de pie iracundo.

—¡Basta, *Dondán*! ¡No te humilles! ¡Levántate inmediatamente o dejarás de ser mi amigo!

A esta escena siguió un largo silencio que, con recelo, rompió *Dondán*.

—¿Le sirvo otra?

Un rato después totalmente olvidados del asunto reían con el relato —pintoresco y exagerado— de las parrandas de Juan en el que las mentiras, por desgracia, no eran tantas como el escucha imaginaba.

En los siguientes días, mórbidamente fascinado, Juan contemplaba por horas el plano inclinado y era frecuente que se reprochara con duras palabras su pavor hacia él. Una mañana que había empezado a beber desde muy temprano decidió que tenía que liquidar aquel miedo. Su ensayo, tembloroso, fue primero de tres pasos que deshizo a la carrera con el corazón dando saltos. Tomó una copa más y volvió a probar suerte. Los fracasos fueron muchos, pero acabó por triunfar y al lograrlo lloró de gusto, aunque también de rabia por su pusilanimidad. Subirlo, bajarlo y caminar sobre el techo se convirtió en un hábito. Al principio el declive le pareció peligroso. Muy pronto aprendió a caminarlo sin riesgo y con rapidez. Dentro del inmenso escondite que siempre le había parecido aquella propiedad, este rincón se convirtió en su preferido, pues allí se sentía más aislado que nunca, como si estuviera en una isla desierta. Si hubiera existido arriba la indispensable comodidad para leer y beber habría permanecido ahí por horas y horas. El lugar se convirtió en la torre de las imaginaciones y en ese sitio hacía y deshacía el mundo a su antojo. Por las noches, bajo la luz de la luna, adquiría mayor encanto.

El "castigo" iba a durar mes y medio, y esto, que al principio había despertado un escondido gozo, a la semana empezó a languidecer para dar paso al aburrimiento pues no tenía más comparsa que la de *Dondán* y a pesar de que el viejo fuese su compañero de baraja y libaciones, no era mucho. Leía novelas (no había llevado consigo ningún libro de la escuela), escribía cartas y bebía.

Ahora, Juan recordaba aquel viaje —y tantos otros— con una nostalgia no exenta de amargura, pues casi no había recuerdo que no trajera densas sombras que hubiera preferido olvidar.

—¡Ya vienen, niño! —le gritó *Dondán* desde la puerta del comedor—. ¡Ya oí el coche!

Juan se puso el bikini y volvió a tenderse, contento, a esperarlos. Fue la primera mañana que pasaba a solas y quedó satisfecho de no haber tomado ni una cerveza en ese lapso.

VIII

Todos habían gozado plenamente la estancia en el puerto; aunque en verdad ellos habían llegado a un encierro, *Las Estaciones* poseía todo lo que necesitaban para sentirse felices y era raro que traspasaran los muros de la propiedad, la que a pesar del gran crecimiento de la ciudad permanecía aislada, y como desde la calle no alcanzaba a verse la casa podían negar su presencia si no querían tener visitas. Y no querían. Juan había tomado "la cura del reposo" muy en serio y además aquel recogimiento le había servido para gozar de sus hijos como nunca lo había hecho. Disfrutaba tanto sus juegos como sus discusiones, les inventaba cuentos y enseñaba a Nelly y a Ricardo a subir a los árboles, Juanito no necesitaba maestro, sabía trepar con gran habilidad. Aunque quien más se solazaba en aquella obligada intimidad a la que los circunscribía el encierro era Lucía, que en estas vacaciones disfrutaba lo que ella hubiera deseado que fuera su vida diaria. El calor, tremendo, no cesaba ni durante las noches, por lo que siempre había alguien en la alberca. Al empezar el crepúsculo el mirador era el lugar más fresco de la casa, y allí se reunían. La brisa vespertina refrescaba el exterior y una benévola tibieza se estancaba bajo las sombras de los árboles; el airecillo hacía desaparecer a los mosquitos, y mientras más color perdía el jardín la intensidad de sus perfumes aumentaba y hacía perceptible la presencia de las madreselvas y las llamaradas perdidas en el lecho de la oscuridad. Cuando caían en el silencio le pedían a Lucía que cantara, y ella con una voz pequeña, suave y llena de matices, lo hacía. Cenobia también estaba transfigurada, lo que había acarreado incontables bromas de los niños sobre un supuesto interés amoroso hacia *Dondán* —a quien mimaba y acompañaba mucho—. Cenobia y Nelly secreteaban a cada rato y esos secretos originaban estruendosas carcajadas de ambas, que cuando se volvían excesivas tenían que ser cortadas por Lucía que amenazaba:

—Calla, mujer, o no te dejaré beber más cerveza.
Y esto renovaba las risas.

A las ocho en punto de la noche la silueta de *Dondán* se recortaba en el mirador, a contraluz, para anunciar que estaba lista la cena; aguardaba a que todos salieran a sabiendas de que siempre el último era Juan a quien comunicaba en voz baja, como si fuera un secreto:

—Esta noche tenemos un *Rioja* enfriándose, niño.

En todas las vacaciones en que los acompañaba Cenobia —generalmente paraban en hoteles—, comía a la misma mesa que ellos, pero en *Las Estaciones* se negó a cumplir con tal costumbre y alegó con énfasis que allí no era hotel: "Es la casa de don Eusebio y mi lugar es la cocina." En los seis años que tenía de trabajar con los Rebollar fue la primera vez que visitaban (con ella) Acapulco, dada aquella empecinada y oscura determinación que obligaba a Juan a elegir otro sitio y buscar siempre disculpa para no ir allí. Por lo tanto resultaba un gran placer para todos, muy especialmente para los niños, encontrarse en lo que, casi, había sido un lugar prohibido cual si en su interior habitaran sorpresivos peligros de los que quisiera protegerlos el padre, más aún cuando advirtieron que éste se hallaba tranquilo y sin esos destellos raros que fugazmente oscurecían su mirada, allá, en casa. Ni siquiera Juanito —que ya tenía doce años— alcanzaba a comprender qué acosaba a su padre. Y desde luego ninguno de los tres tenía elementos para nombrar un "terror" o un "miedo", sólo percibían algo extraño (de lo que no hablaban entre sí) que de repente pareció haber desaparecido. En cada uno se reflejaba aquel cambio inconscientemente en una nueva dicha. Por ejemplo, la constante risa de Cenobia que a ojos ajenos podía presentarla como retrasada mental. Y es por él —se había dicho Lucía—, porque no lo ve angustiado. Lo era. Como también era ésa la razón de que a los labios de Lucía acudieran viejas canciones que creía olvidadas y a su memoria incidentes triviales del pasado, hechos que ella atribuía al sedante arrullo del mar que poblaba de ecos los calurosos silencios.

También *Dondán* se veía complacido, y aunque la causa de tal complacencia provenía del mismo manantial —Juan— él desconocía los antecedentes previos a esta visita, cuyo anuncio había recibido con expresiones de júbilo

45

pues siempre añoraba la presencia del *niño* Juan y más aún si venía en compañía de su familia. Pasada la euforia de la noticia *Dondán* recapacitó: Era más bien para entristecerse pues no había más remedio que admitir que estaba viejo. La perspectiva de desvelarse hasta el amanecer (nunca se acostaba antes que don Eusebio, o Juan, cuando estaban en la finca), o aunque fuera a la medianoche, lo agotaba de antemano; sin contar con que la trasnochada podía también significar libaciones que ya tampoco apetecía. Así pues, apenas vio que la jornada terminaba poco después de la cena y que a las diez y media ya podía estar en cama se sintió no sólo agradecido sino también fortificado. No hay que cantar victoria —se dijo al día siguiente—, quién sabe cómo nos vaya hoy. Y como se repitió lo mismo se asombró. De la incredulidad nació un hondo reconocimiento no tanto por su comodidad, sino por el cambio de costumbres del *niño*. Personalmente, se le quitaba un peso de encima que había cargado por incontables años. Ahora podía avizorar que el resto de su vida no albergaría penas mayores. En la actualidad su trabajo consistía nada más en la vigilancia de la limpieza y mantenimiento de la propiedad; tenía a sus órdenes un par de sirvientas —Francisca y Luisa, que eran tía y sobrina—, y un hombre joven —Norberto— que desempeñaba, más o menos, cuanto oficio se requería, a la vez que se encargaba de hacer las compras.

Juan no había salido de *Las Estaciones* salvo para hacer un par de viajes en el yate *Fiesta*, travesía que se repitió —supuestamente— por inconfesable deseo de Cenobia; y también tendría, un día, que llevar a Ricardo en canoa pues el pequeño alegaba que solamente él no había subido, ¡nunca!, a ese tipo de embarcación, por lo que cada vez que lo recordaba corría a preguntarle: ¿Cuándo me vas a llevar en canoa? ¿Hoy, hoy? —y su voz apremiante lo perseguía hasta que él lograba distraerlo. Él no deseaba abandonar la casa, como si cualquier salida, por inocente que fuera, pudiese acarrear algún encuentro o consecuencia nefasta.

Sus despertares eran tranquilos, con la mente fresca abría los ojos a una mañana luminosa y cálida en la que al murmullo del mar se acoplaban los cantos de pájaros y los gritos de los niños a quienes oía chapotear en la alberca; extendía los brazos para palpar el calor de Lucía y se entregaban alegremente a caricias y juegos de amor.

—¡Qué día más bello! —exclamaba Lucía observando las olas.

La sublimidad del mar estaba presente a toda hora; a veces vislumbraban un distante barco en el horizonte, o rápidas lanchas de motor surcaban las aguas cercanas dejando una estela efímera. Y, por fin, un día no hubo más remedio que cumplir el capricho de Ricardo. Lucía aprovechó la ocasión y le pidió que antes llevara a todos al centro del pueblo pues querían hacer unas compras y caminar un rato. Apenas se quedaron solos la emoción del chico creció pues al placer de la próxima aventura se unía el de tener al padre para él solo. Juan se lo sentó entre las piernas para llevarlo seguro y condujo el auto a baja velocidad hasta llegar a la laguna de Coyuca.

La búsqueda de una sombra para estacionar el coche fue descartada, el sol lo invadía todo. Avanzaron sobre una arena hirviente cuyo calor traspasaba la suela delgada de los huaraches. Una larga fila de lancheros cobrizos los observó y dos de ellos se descolgaron rápidos para ofrecer sus servicios que con la torridez de la hora eran poco solicitados. Juan eligió al primero que llegó a su lado. En el trayecto los vendedores de cocos y de chucherías los asaltaron insistentes como moscas exacerbadas por la temperatura. Compró tres cocos, el suyo con ginebra, y se embarcaron ante la expectativa de Ric que sin duda esperaba mayores emociones. Los vaivenes de la canoa traían a su boca risas nerviosas y finalmente fue a acomodarse entre los brazos de Juan. Sintiéndose seguro su risa fue espontánea y no cesó de hablar siempre asaltado por nuevas preguntas que hacer. El vaivén lo mareó un poco y fue obvio que en suma el paseo no le resultó muy grato. Después vagabundearon, compró baratijas y cuando se le propuso regresar no pidió dilaciones. Sin embargo en el coche, cuyo interior ardía, volvió a animarse y a tejer la complicada historia que iba a contar a sus hermanos, quienes los esperaban en la puerta arrepentidos de no haberlos acompañado. Al llegar, *Dondán* le comunicó que antes de regresar la señora había hablado don Eusebio para avisar que llegaría con dos matrimonios al día siguiente por avión. La noticia alegró a todos, menos a Juan quien, por el contrario, sufrió un estremecimiento y pensó que su "reposo" había terminado. Todo el día lo pasó taciturno y no pudo concentrarse ni en los juegos de cartas.

Por la mañana del viernes Lucía, Cenobia y los chicos partieron hacia el mercado a comprar flores para adornar las mesas; y mariscos especiales para la cena pues Lucía deseaba recibir con grandes honores a su cuñado y amigos. La novedad había vigorizado el entusiasmo de los chicos y esperaban a los tíos para contarles las proezas que habían realizado. Juan no quiso acompañarlos y apenas salieron le pidió un whisky al viejo y salió a tenderse al sol. Iba, como de costumbre, a dar la espalda al cobertizo pero pensó que era estúpido rehuirlo más, como era también estúpido estar indignado —y atemorizado— ante la posibilidad de que uno de los matrimonios que vendría con Eusebio pudiera ser el de Gabriel y Marina.

Ante sus ojos, como autocastigo, quedó el cobertizo.

IX

Tal como Eusebio lo había sospechado, las vacaciones punitivas no sirvieron para enderezar el torcido camino de su hermano. (Aunque Juan nunca le contó lo sucedido en aquella ocasión)...

Una tarde, la exasperación colmó a Juan y le pidió a *Dondán* que lo llevara a Caleta, pues quería ver gente y divertirse un rato. Al criado no le agradó mucho la idea, pero no se negó puesto que tal deseo no caía dentro de las prohibiciones que había enumerado don Luis Mario. En *Las Estaciones* se conservaba un viejo *Packard* que había pertenecido a don Luis Enrique y del cual nunca quiso separarse; a la muerte del anciano tampoco don Luis Mario quiso venderlo, y como en el garaje de la casa de Reforma resultaba estorboso decidió enviarlo a Acapulco donde tendría un uso moderado y, sobre todo, no estorbaba. En dicho vehículo condujo al *niño* a la playa a las cuatro de la tarde, y lo dejó con la condición de que volvería por él tres horas después. Los ojos de Juan brillaban de malicia y placer, casi no entendió lo que *Dondán* decía. Estaba dispuesto a desquitarse de su padre, y se dijo: *Nuestro hombre* (así se denominaba a sí mismo desde entonces) te va a dar una lección, papito, si es que te enteras, para que aprendas que con él (*Nuestro hombre*), las cosas marchan mejor por las buenas. Se rió. Iba descalzo. El viento venía fresco. Sin más ropa que el traje de baño su condición social se esfumaba, era, solamente, carne joven. Aunque él, en ese momento, lo ignoraba. ¡Con lo fácil que me es hacer nuevas amistades! —se dijo escudriñando los grupos de bañistas. No había prisa. Se tendió en la arena. Antes de una hora estaba enseñando a nadar a una putita en cierne y tan entretenido con ella que esa tarde no advirtió a una mujer de largo y lacio pelo platino que lo observaba con insistencia. A las dos horas Juan formaba parte activa de un grupo que hablaba a grandes voces y se prometía que la cita de mañana sería en Hornos. Estaba feliz y lleno de vitalidad, hambre... y sed cuando lo recogió *Dondán*, quien manejó satisfecho pues esperaba encontrar resistencia al regreso, pero Juan se portaba bien y había recuperado su buen humor.

Al día siguiente no fue un secreto para el criado que dentro del maletín en que había puesto la toalla estaban dos botellas, de coñac y tequila, pero no hizo comentarios. No podía. Debía agradecer que el *niño* le contó todo lo que sabía de sus veinte nuevas amistades dentro de las que destacaron Lola y sus dos primos, Víctor y Jorge. Albergó la sospecha de que se tratara de una pandilla de descarriados, pero existía la ventaja de que todos tenían más o menos la misma edad. Jamás pasó por su cabeza que, precisamente, ése era el peligro, y, muy tranquilo, lo dejó en Hornos.

Ese día, la primera que notó su presencia fue la mujer del pelo platino a quien él no advirtió sino hasta el momento en que se separó de sus amigos. Cuando dieron las siete estaba bastante pasado de copas, por lo que no supo cómo tropezó súbitamente con una mujer. Él murmuró una disculpa y como respuesta ella dijo:

—¿Vendrás mañana?

—Sí —respondió sorprendido.

—Te espero media hora antes.

La mujer desapareció tan rápidamente que *Dondán*, que ya venía en su búsqueda, no alcanzó a verla. Sin decir palabra le quitó el maletín y lo tomó del brazo para que no se tambaleara.

En el confuso malestar del día siguiente lo primero que Juan se preguntó fue si aquella mujer era real o inventada. En verdad no lo sabía, sin embargo intuyó que, ya fuese afirmativa o negativa la respuesta, en ambos casos cobijaba un peligro. Al correr de las horas llegó a la convicción de que se trataba de un invento. Lo extraño es que no cabía duda de que la recordaba desde *antes* de dormirse, y eso contradecía toda lógica. Aunque ese pelo lacio y largo no lo había imaginado. Parecía tan real como si lo hubiera acariciado... ¡Era real!, y, ¡qué desconcertante su pregunta!, más aún, ¿quién será? ¿De dónde salió? ¿Cómo lo conocía? Dijo *media hora antes*, eso quiere decir que me espera (a mí, sí, a mí) a las tres y media. Y se sumía en áridas conjeturas de las que volvía a salir convencido de que era víctima de la imaginación. Si al

50

menos tuviese otros datos. Pero todo había sido fugaz y en la penumbra. De cualquier modo decidió ser cauto y no demostrar una preocupación que pudiese despertar las sospechas de *Dondán*.

Después del desayuno subió al techo del cobertizo —a la carrera por el plano inclinado— pues necesitaba pensar y aquél era el único sitio donde no podría ser observado. Buscó respuestas en las olas, en las nubes, en las gaviotas, infructuosamente. Bajó también a la carrera y se puso a nadar con celeridad, casi desesperación. Le urgía agotarse, apaciguar los extraños ardores de impaciencia que cual mordidas se le clavaban en el corazón, el estómago, el bajo vientre. Se puso a recordar a Lola que se dejaba manosear si el agua la cubría. La muy pilla lo había engañado pues nadaba mucho mejor que él y a veces buceaba y se entretenía palpándolo. Emergía atacada de risa, con los ojos ardientes, y braceaba alejándose para que él la persiguiera. Ese recuerdo también lo perturbaba, y más, por haberse dado cuenta de que los primos parecían estar al tanto del jueguito. Cuando Lola buceaba ellos —distantes— observaban el rostro de Juan —la sorpresa, su enervamiento— y se burlaban de él a sus espaldas. Hubo un momento en que pensó en reclamarles, pero...

—¡Ya, niño, ya! —gritó enérgico *Dondán* desde la orilla de la piscina—. ¿Qué pretende usted con ese ímpetu? —Y luego, en tono zumbón—: ¿Contra quién es la competencia? Si sigue así no saldrá en la tarde de tan cansado que va a estar... ¡Allá usted!

Juan dejó instantáneamente de nadar.

A la una, y con voracidad, ya había comido. Desde las doce estuvo a punto de pedir los alimentos, pero se contuvo, eso podía delatar la ansiedad que tenía. Puso el tocadiscos. El calor resultaba tremendo y se acostó sobre el piso que estaba fresco. Necesitaba enfriarse. Oyó que *Dondán* le avisaba que iba a comer de una vez. Sonrió. ¡Qué nervios! El reloj de nuevo: ¿cuánto falta?

A las tres dijo:

—Apúrate, hoy nos vamos más temprano. Quedé de estar allá a la media.

El rostro del hombre se ensombreció, y Juan, que tuvo miedo de que pudiera atreverse a dar una negativa, agregó:

—Y *no* llevaré maletín, para que no pongas cara.

Dondán alegró su rostro.

El packard avanzaba con una lentitud desesperante. Juan imaginó mil contratiempos entre los que emergía, con horror, que el motor podía descomponerse, y si se quedaban a medio camino sería muy difícil que pudiera conseguir un taxi, ¡más bien, imposible! Si llegaba tarde a lo mejor la mujer no estaba. Deseaba decirle que acelerara pero no abrió la boca y se calmó cuando vio que ya estaban a unas cuantas cuadras del balneario. Bajó del coche y no se movió de allí hasta que *Dondán* se alejó. Entonces, con el corazón brincándole de ansiedad, observó a su alrededor. Ningún conocido. Echó a caminar, lentamente, esperando... La arena lastimaba sus pies.

Estaba preparado para verla aparecer en cualquier momento, sin embargo no supo de dónde surgió una mano que se extendía y estrechaba fuertemente la suya, y luego la voz:

—Me llamo Leonora. Haz como si nos conociéramos, Juan, como si fuéramos amigos desde hace mucho.

Era alta, llevaba lentes oscuros muy grandes. Aunque mil preguntas acudieron a él primero que nada siguió las instrucciones y actuó con naturalidad. El peligro que había intuido por la mañana se agudizó, pero como acicate. Qué guapa. El pelo, muy bonito, parecía sedoso y sobre él los destellos del sol se detenían. No se parecía a nadie que hubiera tratado antes, era el tipo de mujer que había admirado a prudente distancia. No se atrevía a recorrer descaradamente su cuerpo con la vista, pero alcanzó a ver los pechos redondos y firmes. El traje de baño se adhería sin ninguna arruga sobre su piel. ¡Qué sonrisa! Lo hacía sentirse muy a gusto...

—Te invito un refresco —dijo ella y fueron a sentarse bajo la palapa. Le ofreció un cigarrillo y volvió a sonreírle.

Juan rectificó: ¡Es bella!

El mesero tomó la orden y se retiró. Entonces él, acercándose, le preguntó:

—¿Cómo sabes mi nombre? ¿En dónde me conociste?

—En Caleta, anteayer, desde entonces te sigo. Tu nombre es fácil, y me lo aprendí porque esa estúpida —tu amiguita— lo grita a cada rato. Tenemos que ponernos de acuerdo. No es necesario que ellos nos vean aquí. Estoy

en *El Papagayo*, aquí enfrente, cuarto 215. Me cambié esta mañana y ya he preguntado varias veces en la administración por *mi sobrino Juan* que va a venir a visitarme...
Así que ya sabes, te estaré esperando Juan... ¿Juan, qué?

—Rebollar —dijo rápidamente, y para sí: Pendejo, debí decir otro nombre.

—Yo soy la señora Chapman, recuérdalo, Leonora Chapman, cuarto 215.

Aunque resultaba evidente que tenía ascendencia extranjera Juan supo enseguida que se había puesto nombre falso. El mesero trajo los refrescos y ella inquirió:

—¿Cómo sigue tu papá?

Juan comprendió que se trataba de un juego, respondió:

—Mucho mejor, ya se le pasó el berrinche.

Ella soltó una carcajada.

—Eres listo. Siempre lo has convencido fácilmente, ¡pobre de mi hermano!

El mesero se retiró tan pronto como ella le pagó. A solas volvió a repetirle:

—Eres listo... ¿Con quién viniste a Acapulco?

¡Ah, esta vez no lo pescaba! Además, ya había practicado la misma mentira con sus amigos:

—Con mi hermano mayor, que casi podría ser mi padre. Y aquí vive una tía con quien paramos.

Ella no le quitaba los ojos de encima.

—Me voy dentro de un momento. Tan pronto como puedas, alcánzame.

—A las siete tengo que irme —dijo él.

—Lo sé.

—¡Mata Hari!

—Estamos en guerra, nuestra organización se extiende por todo el mundo, ya lo sabes... ¡Salud!

—¿Con refresco?

—Sí, ya vi que tienes garganta de... cosaco. Al rato te voy a ofrecer una... Una.

Se puso de pie y le dio un beso en la mejilla.

—Dile a tu papá que me llame —gritó al alejarse.

El mesero se acercó a secar la mesa. Preguntó:

—¿Qué es tuyo?

—Mi tía...

—Hummm... Se me hace que tienes una parentela grandísima.

Juan se molestó entonces por su impertinencia, pero, con los años, al recordarlo le daba risa. Vio a la distancia a Jorge y Víctor que avanzaban, buscándolo. Echó a correr hacia ellos.

—¿Y Lola? —les preguntó.

—Está castigada —respondieron a dúo.

—Yo también. No querían dejarme salir y tengo que ir dentro de un rato a ver a mi tía, aquí cerca. ¿Ustedes van a quedarse?

—¡Pues claro! ¿Trajiste trago? —preguntó Víctor.

—No pude. No les gustó lo de anoche...

—¡Por mensos! Tú y Lola beben como cerdos. ¡Se nos cayó en el camino! Mañana las botellas me las entregas a mí y yo distribuyo —ordenó Jorge.

Juan puso cara de consternación.

—Mañana no voy a venir aquí, me van a llevar a Caleta.

—¡Nos vemos allá! —otra vez a dúo.

Caminaron un rato juntos y cuando decidieron nadar él se despidió.

Al empleado le preguntó:

—¿Está la señora Chapman? Soy su sobrino.

—¡Ah, sí! Te espera... —le indicó el camino.

Subió casi corriendo y se detuvo en el 215. Respiraba fatigadamente. El corazón brincaba y brincaba. Estaba húmedo. Tocó.

Dentro, sonó su voz:

—¿Eres tú, Juan?

—Sí...

—Pasa, está abierto...

Sólo conservaba puestas las gafas. De pie a mitad del cuarto, sonreía. Con las dos manos le indicó que se acercara. Él ardía. Le vibraban hasta las puntas de los pies. Sintió que iba a eyacular antes de tiempo. Ella lo besó y abrazó. Luego, empezó a desnudarlo.

Mucho rato después se dio cuenta de que Leonora se había quitado las gafas y sus ojos eran verdes, muy claros. Él no dejaba de desearla.

—Te voy a enseñar muchas cositas —le dijo ella acariciándolo—. Aprenderás pronto, ya verás, y vamos a ser muy felices. Desde que te vi me encantaste y tú ni siquiera te dabas cuenta de que yo estaba allí, ¿verdad? Nada más viendo a esa Lola tonta que está muy por abajo de lo que tú mereces —y bajando el tono, sin dejar de ser seductora—, tampoco yo te merezco, no soy digna de ti.

La voluptuosidad bañaba a Juan, nunca se había sentido tan feliz y triunfador. ¡Cuando lo sepan mis amigos de México!

—Tú sí... Eres muy linda... ¡Mucho!... Te pareces a Vivien Leigh... Scarlet... Si tuvieras el pelo negro serías idéntica.

—Si quieres me lo pinto.

—No... Acércate. Nuestros cuerpos arden, ¿los sientes?

—Siento el tuyo.

A ratos podía ser muy dulce y mirarlo con ternura y llevar a cabo las caricias más sorpresivas e íntimas. Parecía un gatito que jugaba, le enseñaba secretos, pasadizos, laberintos, con lengua y dedos. Él deleitado, se dejaba enseñar.

—¿Cuántas veces lo has hecho? —inquirió ella, arrulladora.

—¡Pareces cura! —respondió él y soltó a reír.

—¿Te confiesas a menudo?

—Una sola vez, hace años. Fue más chistoso para él que para mí.

—Pequeño, adorable hereje... ¿A qué le tienes miedo?

—A la altura.

—¿Cuánto les pagas, eh, a las meretrices, cuánto?

—No hables de eso.

—Si no te voy a cobrar. No te apures. Y no levantes la voz, me gusta que me hables suave, como esto, así de suave.

—¿Y la copa?

—¿La necesitas?

—La quiero, Scarlet, dame una.

Le gustó verla caminar. Muy bonito cuerpo. Se pregunta: ¿Qué edad tiene? Regresa a su lado; su perfume domina al olor del whisky. Lo bebe ávidamente y parece que tuviera un nuevo sabor; todo parece nuevo y esplendoroso.

Retornaron una y otra vez a las caricias. De vez en cuando —había cierta restricción—, le permitía más whisky; pero le quitaba el vaso al segundo o tercer trago. Volvía a besarlo. Vio el reloj: veinte para las siete.

—Tengo que irme, me daré un duchazo.

Cuando salió ella tenía una bata verde pistache. No lo dejó dar otro sorbo a la bebida. Le extendió un billete.

—Ten, para tus cigarrillos... ¡de toda la semana!

Era un billete de veinte dólares. Exclamó:

—Es mucho —y luego, regresándolo—. ¡No!

—Lo vales. Mañana a las cuatro. ¡Corre!

Y cuando bajaba la escalera la oyó gritar:

—Dale un beso a tu papá.

Algo no le gustaba. No sabía si el pago, o la tontería de su grito.

X

LA NOCHE estaba muy fresca y desde el techo del cobertizo se volvía un espectáculo el bullicioso mar platino y negro bajo un cielo saturado de estrellas. Desde la primera cita, tras la cena, subió al escondite. Necesitaba pensar, y no lo lograba. Cualquier destello lo arrastraba muy lejos y le recordaba su cuerpo, sus caricias, su voz. La voz no le gustaba, cuando menos no siempre. Aunque no había visto que su rostro se indignara, la voz sí lo hacía y entonces se volvía seca y áspera, muy autoritaria. Si la oía con los ojos cerrados le desagradaba mucho y con azoro los abría rápido para pescar el ceño fruncido, o una mueca. Y no había nada. Cuando ella notaba que él se ponía serio duplicaba sus sonrisas y arrumacos. Él no se podía quitar de encima algo que lo incomodaba y que tal vez fuera... su edad. "¡Eso es!", exclamó arrojando el cigarrillo que no cayó muy lejos y después resbaló de costado, hacia el inexorable abismo. Naturalmente no lo oyó caer, ni un cuerpo se habría oído tampoco, caería veinte o treinta metros más abajo, para estrellarse sobre las rocas. Los vahos del alcohol subían a veces a su cerebro y le nublaban un poco la vista. "Es mejor bajar —se dijo—. Con cuidado." Dio lentos pasos, sintió el tablón tambaleante, y corrió.

Llegó un giro telegráfico de su padre, con cincuenta pesos. Y en dólares tenía un poco más de doscientos. ¡Se hacía rico! Enrojeció. Le venían palabras como: Mantenido, padrote, chulo... Sentía que Scarlet le pagaba para escarnecerlo, por un recóndito deseo de humillarlo. Y además, una vez dentro, la ignominia no tenía límites. "Una amiguita te quiere conocer", fue lo primero que dijo, como si no tuviera la menor importancia. Él comprendió inmediatamente y le dio vergüenza decirle que no; podría ocasionar, de nuevo, que Leonora se riera de él y lo despreciara. (Si pudiera contarle a Eusebio...) Se negó; pero ella no le hizo caso y al día siguiente estaban las dos esperándolo.

Lo primero que él dijo fue:

—Dame una copa.

—Después...

—¡Ahora!

—Dale las que quiera... —dijo la otra mujer y tosió un poco.

Ese día le dieron un billete de cincuenta. Salió pasado de copas y no se sentía satisfecho. Mientras esperaba a *Dondán*, tuvo nostalgia de sus amigos anteriores a quienes no había vuelto a ver, y mayor nostalgia por los amigos de México. Quería cariño, sí... pero sin dinero. Todo su ser clamó: "¡Eusebio, Eusebio, ven!"

Por primera vez en su vida sintió que su madre le había hecho mucha falta; le *hacía* falta, solamente había sabido expresar ternura con su hermano, y eso no bastaba. En su memoria nada de su madre había quedado, e inútil fue que durante años contemplara con exigencia las numerosas fotos que de ella conservaban —tan linda—, no existía en su mirada ningún secreto compartido, ningún destello que recordara el mimo. Nunca sus ojos lo vieron. No pudo tener la menor idea de cómo sería él, por lo tanto una profunda parte de sí mismo era un yermo. Revisaba periódicamente las fotografías con la esperanza de encontrar algo que se le había escapado en anteriores ocasiones; pero la omisión no surgía, no se hacía patente para otorgarle ese calor que imploraba. Su madre no era una ausencia sino un vacío.

A ratos sentía repulsión hacia la señora Chapman quien, además, lo había llevado con implacable habilidad a un mundo de tan plausibles mentiras que el pobre *Dondán* no tenía la menor conciencia del lío en que se encontraba; de haberlo siquiera sospechado, habría llamado a don Luis Mario para poner fin a la situación. A los cuantos días Leonora ya había averiguado dónde quedaba su casa y quién era su padre, cuál su negocio, ¡todo!, cosa que lo indignó y tuvo casi un ataque de cólera. Ella lo apaciguó con un amor y una idolatría que lo hicieron sentirse tan bien que le confesó la mentira con respecto a la presencia de su hermano en el puerto, y la inexistencia de la tía de Acapulco; confesiones que la mujer escuchaba asintiendo mudamente como si también las supiera; le habló de *Dondán* (aquí exageró pues ella no podía tener tanta información como para saber exactamente si *agregaba* cierta información), del tremendo ascendiente que tenía sobre su padre y, sobre él; le hizo ver que muy pronto se volvería suspicaz y él no tendría más remedio que espaciar las visitas para evitar algo peor, pues *Dondán* era muy escrupuloso y severo.

Esto, en lugar de preocupar a Leonora, la llevó a buscar una solución. Una tarde le contó que le iba a presentar:

—...a un nuevo hijo, que acabo de adquirir, casi de tu edad; un chico muy mono, y que no despertará sospechas.

Él, helándose, preguntó a qué sospechas se refería y ella agregó:

—Puede pasar por tu amigo —íntimo amigo— a quien conociste en la playa; pero como su madre —yo— es muy anticuada y llena de desconfianza hacia los desconocidos, va a pedirte que mañana traigas a tu criado —o como lo llames— para que lo conozca en persona y se sienta tranquila... si mi bebé hace amistad contigo. Tal vez hasta te invitemos, de cuando en cuando, a que pases una noche con nosotros. Dentro de una hora vas a conocerlo, se llama Eugenio. Ahora aprovechemos nuestra soledad.

Sus protestas no surtieron efecto. Le sirvió un generoso whisky que le dejó beber sin interrupciones, y se lanzó sobre él.

Dos días más tarde, y tras incontables súplicas, *Dondán* aceptó conocer a la mamá de Eugenio y se alegró de hacerlo pues la señora le causó una favorable impresión: su modo recatado de vestir, su lenguaje tan medido, y el gran amor que le profesaba a su hijo... Juan escuchaba sus comentarios con un creciente desasosiego. Todo había ido mucho más allá del escarmiento que quería darle a su padre; y ahora, ya no quería dárselo. ¡Eusebio, Eusebio, ven!

Eugenio le resultó insufrible desde el primer momento. La antipatía los hacía repelerse y al tercer día surgió un problema entre ellos. Estaban en el vestíbulo del hotel en espera de la señora Chapman, cuando Eugenio, en tono amenazante le dijo:

—Leonora es muy generosa contigo, y a ti no te hace falta el dinero. Si quieres disfrutar tus cochinadas sin pesares, vas a darme la mitad de lo que te dé; si no lo haces tu *Dondán* recibirá un anónimo muy interesante. Y si le dices algo a ella, tengo una persona que se encargará de destrozarte tu carita y tu cosita...

Juan ardió en rabia. No sintió miedo sino una inmensa urgencia de destruir al enemigo e hizo tremendos esfuerzos para no lanzarse sobre él. En ese momento llegaba la señora Chapman. Les sonrió y ambos se pusieron de pie y la siguieron al cuarto. Apenas entraron, iracundo, le contó a ella la amenaza, y agregó, acercándose a él:

—¡Ni tú ni nadie, me amenazará nunca! ¿Me oyes, marica? Tú me amenazas con destrozarme, yo te juro que te mato.

Avanzó hacia él y Leonora se interpuso.

—Espera —le dijo—, esto es asunto mío. No me gusta que interfieran en mis cosas, y tampoco que se levante la voz...

Leonora, con el rostro inmutable, avanzó hacia Eugenio que, aterrado, retrocedía murmurando:

—No, Leonora, no, fue una pendejada mía... Espera, espera por favor.

Juan imaginó con asco y horror lo que iba a suceder y salió a la carrera. Tomó un taxi. En el trayecto deseó ir ya de regreso a casa. Pero, ¿cómo explicar? ¿qué razón argüir? Y no estaba de paseo sino de castigo. ¡Oh, Dios, qué cierto resultaba ahora! Tendría que ser perdonado por su padre antes de partir, o esperar el término de su condena. O contarle todo a Eusebio y que él a su vez se lo contara a don Luis Mario. Pero eso implicaría hacer una carta... ¡No! ¡Jamás!

La alegría de *Dondán* al verlo llegar tan pronto fue tanta que ni siquiera puso atención al motivo. Juan, para entretenerlo en la cocina y que no advirtiera su nerviosidad le pidió que le preparara una jarra de limonada y, mientras, se sirvió medio vaso de coñac que tomó casi de un trago. A pesar de la grata temperatura —no era un día de calor intenso—, fuertes estremecimientos lo recorrían y hacían temblar. Anheló que ese malestar se agudizara y le hiciera caer en una de esas remotas enfermedades infantiles en las que se pierde el sentido del tiempo, y todos, a su alrededor, están preocupados por su restablecimiento.

Dondán trajo el refresco y media hora después jugaban

cartas tranquilamente, pues, por supuesto, ya había ingerido casi dos vasos de coñac. Le contó, a mitad del juego, que al día siguiente no visitaría a la familia Chapman por su desatención de no haberle comunicado que no estarían en el hotel, hubiera podido ir a Caleta a ver a Lola y sus primos.

Dondán se guardó de hacer comentarios, pero la noticia lo complació y esa noche le sirvió una gran cena.

Esto había sucedido un lunes, el martes permaneció todo el día en casa y la felicidad hubiera sido completa para el sirviente si no se hubiera dado cuenta de lo mucho que bebía. ¡Y con esa manía de subir así al techo! El miércoles por la tarde, poco después de las tres, *Dondán* se asombró al oír que sonaba la campana de la puerta de la calle. Intrigado por aquel hecho insólito, salió a paso lento y tuvo que disfrazar su contrariedad al ver que la señora Chapman y su hijo venían de visita. No se atrevió a impedirles el paso, y además la mujer no lo dejó hablar pues inmediatamente, y avanzando, contó:

—Perdón por el atrevimiento de importunar y caer aquí sin previo aviso, pero usted, que es una persona que emana bondad y comprensión, entenderá lo que es un corazón de madre afligida. ¡Mire, mire a mi pobre Eugenio, todo golpeado! Y es que ayer —yo no me enteré de que Juan no había ido sino mucho después— este infeliz se fue a la playa solo y se mezcló con quién sabe qué clase de facinerosos que lo metieron en una riña, ¡y mire cómo lo han dejado! Por eso venimos a buscar a Juan, quisiera llevarlos a dar un paseo, y después cenar en un buen restaurant...

Juan había escuchado la relación casi desde sus inicios pues a él también la campana —como un mal presagio— lo había sorprendido y acudió a la puerta. El aplomo de aquella mujer y el desfigurado rostro de Eugenio lo dejaron pasmado, mas no tanto para no reaccionar cuando vio que Leonora pretendía seguir adelante y entrar en la casa.

—¡Señora, deténgase! A mi padre no le gusta que reciba visitas.

—No sea brusco... —exclamó *Dondán* reprochándole y sin atreverse a decir (y esa fue la única ocasión) como de costumbre: *Niño*.

—Tengo prohibido recibir amigos aquí.

—Es cierto, señora —ratificó *Dondán*.

—Los acompañaré, si me lo permite *Dondán*...

—Puede ir; pero no a cenar. Señora, por favor, estará con ustedes hasta las siete. Y le juro que estoy rompiendo con las órdenes que tengo.

—¡Siento mucho ser la causa! Lo traeremos puntualmente.

Juan tenía la sensación de que un círculo siniestro se iba cerrando a su alrededor y que él debía ser muy hábil para evitarlo y romperlo, sin que ella tuviera la menor oportunidad de impedirlo, y no ahora que podía resultar peligroso y contraproducente. Se adelantó hacia la puerta y cortésmente le ofreció el paso a la señora Chapman, después a Eugenio. Se dio cuenta al instante de que el coche en que habían venido no era de alquiler y eso activó la sensación de peligro, mas no podía retroceder. Los tres se sentaron en el asiento posterior.

Leonora lo presentó:

—Nuestro conductor es el señor Douglas, un buen amigo mío que siempre está cerca para cuando necesito ayuda —era una advertencia, no una presentación.

El señor Douglas hizo un asentimiento de cabeza, lo observó fría y calculadoramente y luego concentró su atención en manejar. Tan pronto como desapareció de vista la casa detuvo el coche y sin una palabra Eugenio cambió de asiento y se pasó junto a Douglas. Leonora lo atrajo hacia ella y lo acarició, sin un reproche, exclusivamente... amor. Casi ciego por su abrazo, Juan alcanzaba a ver las corpulentas espaldas del señor Douglas.

A partir de entonces vivió una pesadilla que se prolongaba día tras día sin que alcanzara a vislumbrar un camino que le ofreciera escape sin riesgo. Por otro lado, *Dondán*, al ver que sus dosis de alcohol aumentaban peligrosamente, amenazó con llamar a su padre.

Lo normal era que recogiera a Juan sobrio, a la puerta del hotel. Una noche lo vio desde lejos, oscilante, hecho una cuba. No hubo reproches, algo en su aspecto lo preocupó más que la borrachera. Para bajarlo del coche casi lo cargó. Lo dejó en el sofá de la sala y corrió a preparar café muy fuerte. Lo encontró tal como lo había dejado, con los ojos fijos en el jardín. El café lo compuso bastante, sin embargo a Juan no se le podía borrar de la

62

memoria el señor Douglas, que esa tarde los había acompañado en el cuarto, como veedor.

A pesar del horror y asco que padecía pronto advirtió la pesadumbre en que había sumido a *Dondán*, y sus remordimientos se acrecentaron. No era justo que hiciera sufrir al fiel, tonto y querido amigo. Cenó con falso apetito, hizo bromas, prometió que no volvería a beber tanto, y pronto se retiró a dormir.

No pudo cerrar los ojos. Se sentía miserable, emputecido... Un par de horas más tarde bajó a servirse una copa, y siguió. La luna llena bailaba curiosamente esa noche. Su luz era tan intensa que se veía claramente el jardín y cómo las sombras de los árboles adquirían vida y cambiaban de sitio. Necesitaba reflexionar: subió a su refugio. No había logrado domeñar su cobardía pues quiso retroceder cuando sintió arriba que sus pisadas no eran muy seguras. Se impulsó para vencer la pendiente y llegar a la cúspide. Lo logró a medias pues poco antes de llegar a la parte más alta que era donde solía colocarse, empezó a irse de espaldas, en vez de avanzar iba hacia atrás; el peso de su cuerpo lo llevaba al vacío y sus esfuerzos por impedirlo no servían de nada. Sus pisadas desnudas, involuntarias, resonaban en sus oídos como tamborazos. La garganta la tenía seca, ningún grito podía salirle. Iba a morir estrellado sobre el acantilado. Hinchó su pecho de aire y se arrojó hacia adelante, doblando las piernas, y golpeó sobre el techo con las rodillas, horrorizado...

Aquel suceso tuvo lugar pocos meses antes de cumplir los dieciséis años.

Cerca de fin de año —muy saludable—, don Luis Mario visitó *Las Estaciones* y le pareció bien hecho el mirador. Lo aprobó. Se cubrió el cobertizo de palapa y quitaron el plano inclinado.

XI

DANIEL SOTO, un hombre ni muy alto ni muy fuerte, que rengueaba un poco por culpa de una herida de bala, tocó, emocionado por el señorío y la belleza del gran portón, el aldabón de la casa de la familia Rebollar, una mañana de un domingo de 1915. Él contaba entonces con veinticinco años cumplidos. La capital, en aquel luminoso día, se veía tan apacible en ese instante que nada remitía al drama de la Revolución que asolaba al país. Ni siquiera el bastón en que se apoyaba Daniel hacía pensar en un herido de guerra. El criado que abrió la puerta miró más con desprecio que con recelo sus ropas provincianas, ajadas y estrechas. Escuchó lo que quería el desconocido, y sin invitarlo a pasar le dijo que esperara y remató su desatención cerrando la puerta. Daniel Soto, sin sentirse ofendido, contempló las copas de los álamos y los fresnos corpulentos que se extendían a lo largo del Paseo de la Reforma. Qué distinto paisaje al de su lejana Zacatecas... tan olvidado de ella en estos cuatro años de lucha. De vez en cuando aparecían carruajes con gente endomingada.

Unos minutos después lo hicieron pasar a un enorme vestíbulo donde la profusión de muebles y adornos —a él casi todo le pareció de oro— lo dejaron azorado, abierta la boca. La luz se filtraba por tres vitrales, matizada, tenue. Una riqueza análoga sólo la había observado en los templos; el asombro le hizo detener la vista en la araña de cristal y no advirtió la entrada de don Luis Enrique, quien era entonces un cuarentón de afable sonrisa, alto, esbelto, de rostro joven aunque su frente estaba enmarcada totalmente de canas, hasta que le oyó decir:

—Buenos días... ¿Lo envía Marchand?

—Sí, señor, buenos días, y le manda saludos, aunque se los traigo a usted con mucho retraso.

Mientras hablaba revisó los bolsillos de su chaqueta con una prisa torpe. El retraso era de cinco años. Le entregó a don Luis Enrique la carta fechada en mayo de 1910, y que él debió haber traído antes de las fiestas del Centenario. El sobre estaba deteriorado, sucio, pero los pliegos interiores conservaban su pureza original. El caballero leyó la larga misiva, sonrió un par de veces y luego inquirió:

—¿Y en qué quiere trabajar?

—Con usted —el énfasis sonó excesivo—, en lo que quiera. He viajado por cuatro años y pico con la carta y la esperanza, en el camino hasta me hirieron —y señaló su pierna como un trofeo—. Pero ya estoy aquí.

Su aplomo conquistó a Rebollar. Sabía leer, escribir con soltura y llevar cuentas. Lo enseñaron a planchar trajes, a servir la mesa, atender la puerta y limpiar la plata. Transcurridos unos años era el jefe de todos los sirvientes, y —lleno de orgullo— fue él quien condujo el packard en que llegó la señorita Rebeca a la iglesia para casarse con don Luis Mario. La joven señora Rebollar era hermosa y frágil; su precaria salud se hizo más endeble tras el nacimiento de Eusebio, y el médico, alarmado, recomendó la conveniencia de que viviera en el campo. Después de múltiples preámbulos y dudas decidieron comprar una propiedad en San Ángel, ¡aunque estaba tan lejos de la ciudad! Partieron a la nueva propiedad el matrimonio y parte de la servidumbre. Daniel permaneció en la casa de Reforma al servicio de don Luis Enrique, a quien la separación de su hijo y nieto (a pesar de que veía dos o tres veces por semana a Rebeca y a Eusebio, así como a Luis Mario diariamente), casi lo postró en el lecho pues la soledad lo hacía languidecer. El remedio lo tomó, sin previo aviso, el propio don Luis Enrique. En unión de sus maletas y Daniel llegó a instalarse una mañana en San Ángel, y se alivió. A continuación, al no soportar el hecho de que la casa de Reforma estuviera vacía, fue instalada en la planta baja la agencia de viajes, que entonces contaba "con trece años de servir a usted en la calle de Madero", como dijo el anuncio del cambio en *Revista de Revistas*, aunque para don Luis Enrique nunca dejó de ser "La calle de Plateros".

El abuelo quiso mucho a Eusebio; a Juan le profesó idolatría, sentimiento que se sentía obligado a justificar "por haber quedado sin madre", pues el último suspiro de Rebeca coincidió con el primero de su segundo hijo.

Daniel, aunque no por imitar a su amo, hizo lo mismo: adoró a Juan desde pequeño. Y estos dos cariños exagerados y constantes fueron los que movieron a Luis Mario a ser duro con el chico, y castigarlo a la menor rebeldía o capricho.

Eusebio tenía cinco años más que su hermano y estaba acostumbrado a recibir tanto de padre como de abuelo, mimos, golosinas y nunca reprimendas, por lo que le contrarió mucho percatarse de la dureza con que el papá trataba en ocasiones al pequeño, y pronto vislumbró que aquellos arranques de intransigencia paterna hacia Juan eran, siempre, consecuencia de las muestras de consentimiento excesivo que el abuelo, o Daniel, daban al menor. Así pues, y como también quería entrañablemente a Juan, se cuidó mucho de no demostrar ese afecto frente a su padre para evitarle otros castigos. A la larga, Daniel descubrió ambas cosas: que Eusebio amaba mucho a su hermano y que lo ocultaba a los ojos de don Luis Mario para protegerlo. Eso le hizo admirar al primogénito, loar su inteligencia, e imitarlo.

La patrona de la villa de San Ángel es la virgen del Carmen, y sus festejos en el mes de julio eran aguardados con ansiedad por los niños y por los sirvientes de las mansiones pues tendrían fiesta en sus propios lares. Aparte de las celebraciones religiosas los entusiasmaba la presencia de la feria con sus juegos mecánicos, el tiro al blanco, las loterías, los tendidos en el suelo llenos de codiciados premios que se podían obtener si uno los ensartaba con un aro, ¡y tantos, tantos puestos de comidas, bebidas, juguetes y chucherías! Año tras año los niños Rebollar, alentados por los criados, contaban y recontaban los días que faltaban para la festividad. Pero ese año —en el que Juan cumplió doce—, se presentó un acontecimiento extraordinario que hizo que la feria pasara a segundo término. Sarita Narváez (única hermana de la difunta Rebeca), quien residía en París desde niña, llegaba en un barco español procedente de Vigo al puerto de Veracruz el día 14, y permanecería allí dos meses, con sus familiares. Y, como ella no conocía a los hijos de Rebeca, habían invitado a todos los Rebollar a pasar quince días con ellos. La invitación fue aceptada con beneplácito y los cuatro Rebollar estaban felices con el próximo viaje, pero justo la víspera de tomar el tren, por una fruslería, don Luis Mario cometió la monstruosidad de castigar a Juan con no acompañarlos en la peregrinación. La falta había sido tan leve y la sanción tan severa que el chico pensó que se trataba de una broma de su padre, y sólo cuando vio la desolación en el rostro de Eusebio, comprendió su equivocación y corrió a ocultarse en la recámara para que no lo vieran llorar. Aquella injusticia (Daniel se lo contó posteriormente) provocó una acalorada discusión entre abuelo y padre, pero el último no cejó ni se dejó convencer con súplicas. Juan, abatido, se quedó bajo el cuidado de Daniel, a quien además se le ordenó que tampoco tenía permiso para asistir a la feria.

El abatimiento ensombreció a ambos, pero el pesar de Daniel tenía raíces más lejanas y profundas. Durante varios años Daniel Soto había vivido en amasiato —injustificadamente furtivo— con una viuda joven que tenía una modesta casa de huéspedes en Mixcoac. Era injustificada la clandestinidad de la relación dado que Daniel había insistido en casarse desde el momento en que su amor fue correspondido. Pero Margarita siempre hallaba una razón plausible para postergar la tan deseada boda. Por lo general pasaban juntos —en la casa de huéspedes— las noches del sábado y el domingo. Al presentarse el viaje a Veracruz don Luis Enrique le comunicó su deseo de que los dos fines de semana que pasarían fuera, él permanecería en la casa sin tener dichos recreos, pues no confiaba a ningún otro tal responsabilidad. Daniel aceptó la carga con orgullo, y le pareció demasiado generoso el ofrecimiento de que:

—A partir de mañana, tendrás cuatro días libres para que tú también descanses, y esto para que pasees —y sobre la palma de la mano le depositó un centenario de oro que dejó mudo a Soto.

Al día siguiente, tras de emperifollarse, tomó el tranvía, pero no se detuvo en Mixcoac, siguió de largo hasta el centro de la ciudad para comprar localidades y disfrutar con Margarita del nuevo espectáculo de la Conesa. Se entretuvo en otras diligencias —entre ellas comprar flores—, y llegó a casa de su amada poco después del mediodía, para encontrarse con la sorpresa de que aún estaba en el lecho —como le informó la cocinera—, y corrió a despertarla lleno de alegría pues nadie le comunicó que estaba acompañada. La escena fue borrascosa y no quedó con precisión en su mente lo ocurrido en ella pues la ira lo hizo ciego y sordo. Arremetió contra ellos golpeándolos por parejo, arrasó con todo lo que pudo y partió llevándose el ramo de flores, del que no fue consciente hasta descubrirlo entre sus manos, ya en San Ángel, poco antes de bajar del tranvía. Lo arrojó por la ventanilla y se sacudió el polen que manchaba su traje negro.

Así pues, el infortunio de Daniel y Juan los unió todavía más. El día 15 en la noche comunicó a la servidumbre que tenía de asueto el 16 y 17, vacación que por inesperada la enloqueció de gusto. Llegó el día de Nuestra Señora del Carmen con su repique de campanas desde el amanecer y, por la tarde, los ecos de la feria llenaron los corredores de la solitaria casa y se metieron hasta la sala principal que era donde estaban refugiados los acongojados Juan y Daniel. Pero como los ecos acarrearon vívidos recuerdos, los ojos de Juan se poblaron de brillantes destellos, y más como orden que como súplica dijo:

—Daniel, llévame a la feria.

Daniel le acarició la cabeza y respondió:

—¡Vamos!

Con una carcajada de complicidad salieron a la calle.

Olía a piñones y almendras garapiñados y a pólvora de los buscapiés que encendían y se arrojaban los chicos. Pronto se unieron a la muchedumbre y avanzaron lentos, tomados de la mano. Probaron fortuna con los aros —había alcancías de lechuzas y de gatos parados de manos, botellas de tequila y de rompope, cajitas envueltas con papel de china y atadas con listones rojos que contenían "sorpresas", frascos de vidrio en espiral con agua de bugambilia perfumada y muchas bagatelas más—, pero ninguno de los dos tuvo suerte. Más adelante se detuvieron y apostaron entre sí al tiro al blanco, Daniel se dejó ganar. En las loterías se entretuvieron un buen rato pero tampoco ganaron. Dieron varias vueltas en la Rueda de la Fortuna, tomaron aguas frescas y comieron fritangas y dulces. De regreso Juan quiso probar nuevamente su suerte con los aros. Intentaba ganar una alcancía de gato. Su mal tino le llevó dos veces a ensartar botellas de tequila, de modo que alegres por los premios obtenidos

—aunque no eran los deseados—, volvieron a la casa. Habían comido tanto que no había necesidad de preparar cena, pero se quedaron en la mesa de la cocina y Daniel encendió el carbón para calentar café. Mientras esperaban que estuviera listo, el niño le instó a que abriera el tequila y tomara un poco. Daniel no tenía costumbre de beber, no gustaba de ello. Un hondo suspiro le hizo rememorar su cercana tragedia, y aceptó el trago. El calor del alcohol enrojeció sus mejillas y cobijó su corazón, así como soltó su lengua. Pero los veintitrés años al servicio de los Rebollar lo hacían expresarse con una mesura y propiedad que hasta don Luis Mario habría elogiado. Tenía sumo tiento de no expresar las palabras soeces que acudían a su mente para nombrar a la pérfida.

Aquella escena, en la que volcó todo el dolor de su alma, tampoco se le quedó grabada. Cuando se dio cuenta estaba profundamente borracho y el niño Juan, también. En medio de densos mantos de confusión una grieta de lucidez llegó a su cerebro y oyó, aterrado, el lenguaje indecente y vil con que se expresaba de su padre. Un agobiante sentimiento de culpa lo aplastó: ¿cómo habían llegado a eso? Pero —más aterrado aún—, se escuchaba reír a carcajadas estruendosas a cada nuevo improperio dirigido al señor Rebollar. La lucidez final llegó a él con el amanecer, cuando descubrió el cuerpo de Juan debajo de la mesa, durmiendo la mona.

Lo tuvo muy enfermo un par de días, y nunca, ¡nunca!, se lo perdonó a sí mismo. Juan, con despiadada sagacidad, supo aprovechar ese remordimiento. Debe añadirse que, a partir de entonces, Daniel gustó del trago, lo que en realidad, más que agravante, fue una especie de justicia poética.

XII

DURANTE los meses siguientes, siempre en forma furtiva, Juan encontraba ocasión de deleitar un sorbo de jerez, o los restos de una botella de coñac, o un poco de whisky (que fue lo que más tardó en gustarle) y obligaba a Daniel a participar en la travesura. Don Luis Mario, que había pensado mucho más de lo que él hubiera querido en la injusticia cometida contra Juan, le trajo una espléndida colección de caracoles y de conchas marinas y le prometió que en diciembre lo llevaría al puerto a él solo; se embarcarían para hacer juntos un recorrido a la Isla de Sacrificios; irían a Los Médanos a ver los pelícanos, y tomarían chocolate a la veracruzana en el Café de la Parroquia. Lo cumplió. Se desvivió por que Juan se sintiera resarcido y no objetó una sola vez cuando el niño a la comida, en Los Portales, llenaba su copa de vino con aplomo y frecuencia, en espera, precisamente, de sus críticas. Juan quedó convencido de que su progenitor lo quería y que en ellos se despertaba un sentimiento afectuoso, que no se podía traducir en palabras y les impedía verse tranquilamente a los ojos sin que les llegara una turbación que los obligaba a ver hacia otra parte. Para él, lo mejor de aquel paseo fue la primera visión del mar: la inmensidad se abrió ante sus ojos, prometedora; él podría llenarla, y recorrerla, pronto... y la visita a un buque inglés, que estaba atracado en el muelle, despertó sus primeros anhelos de recorrer el mundo.

La salud de Daniel no podía considerarse muy buena. Periódicamente la herida de la pierna lo acosaba con calambres y dolores intensos, y cuando estaba en una de esas temporadas sacaba su viejo bastón y lo usaba un par de días. Le habían dicho que viviera en tierra caliente, de preferencia al pie del mar; escuchaba las recomendaciones silencioso, guardándolas como algo preciado. Algún día... Era rico, sus ahorros ascendían a una cuantiosa suma y —punto a favor de Margarita—, ella jamás aceptó tocar su dinero. Podría retirarse a Veracruz o a Acapulco —ese lugar del que tanto hablaban ahora que don Luis Mario había adquirido allí una propiedad—, sin embargo la fidelidad hacia don Luis Enrique estaba en primer lugar en su vida. Jamás lo abandonaría. Y menos cuando advirtió que la muerte empezaba a acechar al viejo. Entonces redobló sus mimos y cuidados. A medianoche despertaba sobresaltado con la idea de que a lo mejor necesitaba alguna medicina, o le dolía algo, o... Con pantuflas para no hacer ruido atravesaba la casa y penetraba sigiloso al cuarto de don Luis Enrique. Algunas veces lo oía quejarse, en sueños. En otras ocasiones lo encontraba despierto y entonces le preparaba un té y se entregaban a largas charlas hasta el amanecer que era la hora en que el anciano volvía a adormecerse. Tenía cáncer. Daniel aprendió a inyectarle la morfina, cuando la requería. Los últimos seis meses de su agonía casi no se separó de su lado. Nadie como él para moverlo en el lecho y propiciarle el escaso consuelo que a ratos llegaba a tener.

Después, la muerte fue tan grande que llegó a todos los rincones de la casa y por semanas y meses un luto pesado se estancó en la atmósfera, tanto de la mansión de San Ángel como de la del Paseo de la Reforma. El primero en recuperarse —a pesar de ser quien más lo amaba— fue Juan. Iba rumbo a los catorce años y el misterio de su fuerza sexual —recién descubierta— lo encantaba, sin inhibiciones. Algunas veces llamaba a Daniel y decía: Míralo, míralo cómo se pone, ¡y quema! Daniel soltaba a reír y recordaba que a él, cuando aquel fenómeno le llegó, le apenaba su firmeza y a su vergüenza casi se unía la ira por no poder dominar aquel esplendor no deseado. ¡El niño Juan era tan distinto! ¡Todo lo quería gozar! Todo lo gozaría... Y aquello lo hacía sentirse más viejo, más solo. Un buen coñac solía reanimarlo, y olvidar su renguera.

Ese mismo año, con mayor apremio, volvió a presentarse un problema que ya le había causado muchos dolores de cabeza a don Luis Mario. El nuevo encargado de *Las Estaciones* había resultado también un pillo, y éste no se había conformado con robarle dinero, hasta un par de cuadros valiosos había desaparecido con él. Daniel entró al despacho del señor para pedirle las llaves del coche pues tenía que ir a recoger al niño Juan en el club (aprendía tenis), y oyó parte de la conversación de Eusebio y su padre. Un rayo de luz cayó sobre él. Y, como cuando le pidió al señor Marchand la recomendación para un trabajo, ahora tampoco tuvo la menor duda y supo que también esta petición sería aceptada. Con orgullo y aplomo, dijo:

—Don Luis Mario, yo puedo ser su administrador en Acapulco. Yo cuidaré bien sus intereses.

—¡Tú, Daniel! —dijeron padre e hijo con grata sorpresa.

—¡Yo mero!... Mi pierna se va a aliviar con el calor...

El asunto quedó arreglado en ese mismo instante. La felicidad embargó a los tres, y sobre todo a los Rebollar que nunca habían visto tan complacido al criado.

Con aquella solemnidad, un poco ridícula, que de pronto don Luis Mario solía adoptar, exclamó:

—¡Hay un problema! ¡No podemos seguir llamándote "Daniel" a secas! Ahora que vas a ser un hombre importante, con otro rango, tienes que ser *don Daniel*. ¿Eh? ¡Suena bien! Don Daniel.

—Don Daniel —repitió Eusebio abrazando al hombre.

—¡Las llaves! —gritó éste recordando lo que debía hacer—. ¡Tengo que recoger al niño Juan en el club!

—Aquí las tiene, don Daniel.

—No hay por qué llamarme de usted.

—¡Imprescindible! Es usted *don Daniel*.

En el club, Juan lo esperaba sentado en una banca del jardín con su entrenador, un joven mayor que Eusebio, de humilde condición, que se llamaba Luis Lucero, a quien todo el mundo le llamaba por su apellido cual si fuera el nombre. Apenas entraron al coche Daniel interrumpió la relación de hazañas del niño, para comunicarle la noticia, y terminó con altivez:

—Ahora soy: Don Daniel.

—Don Daniel —repitió Juan—. ¡No me gusta! ¡Es muy largo! Don Daniel, ¡nada de don Daniel!, no, don Dan... don-dán. ¡Dondán! ¡Serás *Dondán*!

Al hombre y a Eusebio también les gustó. Desde luego don Luis Mario no admitió el apócope, pero permitió que ellos lo llamaran así. Antes de ocho días, y tras de hacer todas las compras necesarias —sobre todo de vestuario pues los trajes negros y las camisas de cuello almidonado ya no iban a tener uso—, empacó con mucho cuidado tres maletas con ropa, medicinas, libros, recuerdos... Fue a despedirse también de la casa de Reforma y allí se le escurrió una lágrima en recuerdo de su querido don Luis Enrique. Lo estupendo de esta separación estribaba en que no los dejaría, continuaría al servicio del joven Eusebio puesto que esa casa —ya se sabía— se la dejaría de herencia su padre. Decirle adiós a Juan resultó muy triste. Procuraron despedirse a solas, sin testigos, y Juan brindó con él y le anunció que los aguardaban espléndidas borracheras en *Las Estaciones* donde iría en las primeras vacaciones.

En la planta baja, en una media ala que se extendía a un costado de la alberca, y que comunicaba con la casa por un arco del comedor, se encontraban las habitaciones de *Dondán*. Una amplia recámara con baño particular, con un gran ventanal que veía hacia la alberca y el mar. Le dijeron que había meses en que resultaba muy caluroso; no le importó, eso deseaba para que la pierna no volviera a dolerle. También tenía una pequeña salita y, por si recibía visitas algún día, otra recámara pequeña con vista al oeste, lo que por las tardes la hacía muy grata y fresca.

Unas cartas de presentación le permitieron relacionarse con algunas personas importantes del puerto (cartas de don Luis Mario), y antes de dos meses fue bastante conocido y apreciado por su sencillez y buen juicio. Cambió y escogió nueva servidumbre. Al principio fueron muchos los cambios, no encontraba el personal que necesitaba; poco a poco tuvo un buen equipo. Como aquel rumbo era muy solitario, entonces, compró un par de mastines que despertaban el temor y respeto de propios y extraños. Con ese par de fieras —cuya peligrosidad se encargó de difundir— nadie se atrevería a hacer intrusiones delictivas en la propiedad. Por la noche los dejaba en libertad y solía pasear un poco con ellos para que lo conocieran bien. Los animales fueron un juguete con él al correr de los años.

Y todo, todo había marchado sin contratiempos ni pesares hasta que llegó castigado el *niño* Juan. La dicha de pasar un mes y medio con él se ensombreció desde el primer día, desde la primera noche en que se hicieron obvios su rencor hacia el padre y su desmedida pasión por la bebida. Su anterior visita había sido seis meses atrás, y lo encontró muy cambiado. Era un adolescente voluntarioso, tiránico, y cuando quería, adorable, lleno de seducción y de dotes de convencimiento. Desde luego las cartas y las llamadas telefónicas a don Luis Mario no daban noticia de sus temores y aprensiones. Ni siquiera se atrevió a hablar de la agradable señora Chapman, que verdaderamente lo había conquistado por sus nobles sentimientos.

Pero algo no marchaba bien. A él se le hacía palpable no sólo en el rostro del *niño* que a ratos parecía aterrado, sino en algo más que no alcanzaba a precisar y que hacía vibrar las cuerdas de su corazón para ponerlo alerta, como en la batalla, ojo avizor al peligro... Los desmanes alcohólicos eran tremendos, ¡a su edad! Incontables veces *Dondán*, angustiado, se había preguntado si él podía calificarse como el culpable del vicio del niño, y la respuesta era: ¡Sí, sí! Y la noche de la celebración de la virgen del Carmen regresaba a su memoria.

Despertó sobresaltado. Tan intensa brillaba la luz de la luna dentro de su cuarto que atribuyó a la claridad su vigilia. El corazón le batía clamando peligro. Sin embargo, los perros no ladraban... Brincó de la cama y no se detuvo a ponerse pantuflas, corrió en pijama al cuarto de Juan y probó con espanto que la cama estaba vacía. Vio en la sala la botella a medias, la puerta del jardín interior abierta. Una nata de brillo lunar cubría césped y árboles.

Avanzó titubeante, sin hacer el menor ruido, asombrado de que los perros no hubieran advertido su presencia. Alzó los ojos hacia la luna. En ese momento una vertiginosa nube tapó a medias su esplendor, pero viajaba aprisa, fue cuestión de instantes y nuevamente se llenó de luz la noche. Entonces, espeluznado, oyó unas pisadas secas y torpes, como si fueran hechas a fuerza. Y con horrible impresión alcanzó a vislumbrar el cuerpo esbelto de Juan —recortado por el astro— que se mecía casi en la esquina del techo del cobertizo; a unos milímetros de la muerte parecía tan frágil e indefenso como un junco. *Dondán* quiso gritar y ningún sonido salió de su boca; por fortuna, pues comprendió que la menor distracción podía acarrear la muerte del *niño*. Lo vio hacer un increíble esfuerzo contra la inercia que lo arrancaba del piso y arrojarse hacia adelante; sus rodillas produjeron un siniestro sonido, al caer, y luego, con una especie de maroma se aventó hacia el jardín.

Como si al salvar su vida se hubiera roto un encantamiento, la voz regresó a Daniel, y los mastines, frenéticos, soltaron a ladrar. Ellos y él llegaron al mismo tiempo junto al cuerpo. *Dondán* se hincó a su lado: estaba desmayado; los rayos de la luna lo hacían blanco. Los perros husmearon el cuerpo con intriga, emitiendo sonidos de desconcierto.

—¡Cuídenlo! —gritó Daniel y corrió a la casa en busca de alguien que le ayudara a cargarlo con precaución.

Lo acostó en una cama de la planta baja, ordenó que calentaran café. Muy pronto empezó a recuperarse y el horror que tenían los ojos al abrirse desapareció poco a poco dando paso a un débil júbilo. Tomó café. Palparon que no tuviera huesos rotos. Le pidió que durmiera. Mañana vendría el médico. Juan no lo dejó salir.

—Espérate... —ordenó.

Y le contó todo lo sucedido con la señora Chapman.

XIII

DON DANIEL SOTO envió un mensajero a la agencia de la
policía para preguntar a qué hora podría recibirlo el inspector. La respuesta fue que en el momento que llegase. Y
así sucedió. Dos minutos después de cruzar la puerta de
entrada se sentaba en el privado del funcionario y tras
los saludos de rigor y los agradecimientos por su atención, Soto —tratando de que su voz no subiera de tono
por la cólera— explicó al comandante Fuentes cuál era
su asunto. El hombre lo interrumpió algunas veces para
que ampliara tal o cual información. Pasaron juntos más
de dos horas, y quedaron de acuerdo en una serie de puntos de un plan perfectamente trazado. Fuentes lo invitó
a comer pero Daniel no aceptó: debía ver cómo seguía el
chico, y... esperaba después unas visitas. Sonrieron. Pronto se verían. El inspector envió saludos para don Luis
Mario.

Bajó del coche y tiró de la campana de entrada, pues
recordó que había dado órdenes de soltar a los perros y
si abría el portón podrían salirse; no temía perderlos
mas sí que mordieran a alguien. Eran imponentes sus ladri-
dos. Entró rápido para evitar que escaparan, y luego los
perros le demostraron la emoción que les daba su regreso
parados en dos patas, lengüeteando su rostro. Se deshizo
de ellos con dificultad, los ató y entró a ver a Juan. Dormía profundamente y de vez en cuando sus músculos
brincaban, se tensaban. Desde el amanecer *Dondán* no
podía borrar de su mente la repugnancia y la ira que subían a su cabeza como olas de fuerte marejada. En cierto
modo se alegraba de la casi tragedia de la noche, pues
gracias a ello había podido enterarse de lo que estaba
pasando. ¿Cómo podía ser tan ciego? ¿Cómo aquella monstruosa mujer le había despertado admiración por sus nobles sentimientos? ¡Qué ingenuo! Le daba rabia comprender que él había ayudado indirectamente a que su red se
hiciera más tupida y asfixiante para el pobre *niño*.

Un malestar en el estómago le hizo recordar que no había comido desde el día anterior. Era la una. Avisó a la criada que comería más temprano y descorchó una manzanilla que había guardado por mucho tiempo, en espera de una celebración. El sol reverberaba en el jardín hasta hacer imposible fijar la vista en él. Recordó la extraña brillantez lunar de la noche anterior; no había visto, en los dos años que tenía de vivir en Acapulco, otra semejante. Y recordó también, con un escalofrío, el silencio. ¿Por qué no ladraron antes los perros?, ¿por qué no corrieron a recibirlo como de costumbre? No encontró explicación y paladeó la manzanilla. Comió con muy buen apetito y a continuación hizo algo que sólo se permitía cuando no había ningún Rebollar en *Las Estaciones*, encendió su pipa. El humo cálido y perfumado lo deleitó. Fumar en pipa le parecía una pedantería inadecuada en un hombre como él y se imaginaba que si alguno de los Rebollar (o de sus amistades) lo descubría haciéndolo haría mofa de él o, en el mejor de los casos, una mueca burlona, y a sus espaldas un comentario sarcástico. Aunque —se reprochaba a sí mismo— los Rebollar nunca habían dado pie para que los considerara capaces de tal actitud. Había descubierto que fumar en pipa era un magnífico camino para meditar, y necesitaba hacerlo en ese momento. Además el *niño* dormía, ya que la inyección que le había puesto el médico lo tendría inconsciente cuando menos por doce horas. Terminadas sus cavilaciones dio algunas órdenes a los criados, vio el reloj y calculó que la señora Chapman no tardaría en presentarse, iban a dar las cuatro y media.

En efecto, no tan rápido como él esperaba pero antes de transcurrir una hora más sonó la campana de la puerta y los perros ladraron pues había mandado encadenarlos muy cerca de la entrada. Con ese aplomo que adquiría en los momentos cruciales de su vida, recorrió a paso lento el largo sendero que lo separaba de la puerta. Casi sonrió al comprobar que era la señora Chapman, y ella, al notar que su rostro no estaba hosco, hizo seductora su mirada. Fue obvio que si no se atrevía a entrar como lo había hecho en su anterior visita se debía a los rugidos de los perros, tan amenazadores que *Dondán* se prometió que a la cena los premiaría opíparamente. Aguardó intrigado las palabras de la mujer.

—Pues... señor mío, nos trajo la preocupación. Desde anoche, mi Eugenio me comunicó que ayer nuestro querido Juan no estuvo alegre, dice que a ratos parecía... preocupado, y no le exagero si le digo que, al contármelo, yo también me preocupé, un chico a esa edad no tiene más que alegrías a su alcance y si se pone tristón es mal síntoma. Le juro que hoy, desde el desayuno empezó a fastidiarme con que viniéramos a ver cómo se encontraba. Y a la comida fue la misma cantaleta, aunque con mayor insistencia. Yo, naturalmente lo pensé mucho antes de venir pues estoy enterada de que al señor Rebollar no le gustan las visitas. ¡Al no verlo llegar esta tarde me alarmé! ¿Dónde está él...? —y avanzó unos pasos.

—En su cuarto, señora —respondió con suavidad.

—¿Están amarrados los perros? —preguntó ella nerviosamente.

—De momento, sí.

—Pasen, pasen... —ordenó al señor Douglas y a Eugenio que permanecían inmóviles. Y luego, aún amable—: ¿Podemos verlo?

—No, señora. Está en cama.

—¿Está enfermo? —Daniel no respondió. A ella le pareció que el hombre titubeaba y decidió aprovechar—. Entonces, tenemos que verlo, usted nos lo permitirá, ¿verdad? —más que pregunta era orden; y luego, a sus secuaces—. ¡Pasen, pasen! Este hombre nos llevará a su lado.

—No entren. No se lo recomiendo —exclamó tajante Daniel.

—¡Pero, oiga, usted no puede hablarnos en ese tono! —Leonora decidió jugarse el todo por el todo; sabía cómo tratar a los sirvientes alebrestados—. ¡Hágase a un lado! ¡No sabe con quién está tratando!

—Por saberlo se lo impido, señora.

—¿Qué quiere decir?

—Que ya sé quién es usted, qué es.

Leonora comprendió que ya no necesitaba pedir más explicaciones. Pero a ella no la doblegaban fácilmente. Su rostro era inexpresivo cuando ordenó:

—Ronald, los perros están amarrados, no pueden hacernos nada. Sujeta a este estúpido mientras yo voy con Eugenio a buscar a Juan. Y, señor mío, se va a quedar callado. Yo lo puedo acusar de alcahuete, usted me lo prestó la otra vez, ¿recuerda? Además a su patrón no le gustará nada enterarse de esta historia que tanto a mí como a usted perjudica. Después hablaremos, y si se alía conmigo, lo recompensaré bien.

—No estoy solo, señora, y a la primera indicación o grito mío serán desencadenados los perros... y le juro que me dan ganas de soltarlos...

—Si todo está perdido, yo también le juro que el señor Rebollar se enterará de esto.

—Señora —el aplomo con que habló preocupó a la mujer—, ya está enterada hasta la policía. Si son tan amables de ver hacia sus espaldas... Esos dos señores son agentes de la policía que ya tomaron el número de placas de su auto; conocen sus nombres, y los están investigando desde esta mañana. Espero, por el bien de ambos, que no tengan antecedentes penales. No intenten abandonar sus hoteles porque no se lo van a permitir. Y por último, señora, debo decirle que si el hijo del señor Rebollar no se alivia pronto, usted será demandada. —Finalmente, dirigiéndose a Eugenio, agregó—: En cuanto a ti, si estos canallas te tienen en su poder, puedes contarle todo a la policía, sin que corras riesgos. Y ahora, ¡fuera! ¡Largo, malditos, largo!

Los perros, furibundos, soltaron a ladrar.

—¡Qué pesadilla! —se dijo *Dondán*. Cerró con llave el armario y con grandes cuidados llevó dos floreros de cristal cortado, rojo Venecia, al comedor. A la señora Constanza la gustaba que esas piezas estuvieran en los extremos del trinchador cuando se hallaba en *Las Estaciones*, los llenaría con las flores que traería la señora Lucía. Pero la pesadilla pasó y no hubo necesidad de que don Luis Mario se enterara de ella. Y como la "señora Chapman" (en efecto, el nombre era falso) creía enterado de todo al señor Rebollar, tuvo buen cuidado de no acercarse a él. El señor Douglas sí pasó una temporada en la cárcel pues se le descubrieron otras gracias. Al terminar el castigo Juan partió, y regresó meses después en unión de varios amigos y su padre, de modo que ya no hubo mayores preocupaciones; sólo las del alcohol.

Sin embargo, las cosas habían cambiado bastante. No se podía decir que el *niño* ya no bebiera; no, sería exagerar. Aunque había un punto digno de destacarse: tenían quince días de estar en la casa y no había habido necesidad de reabastecer las existencias, y se encontraba tranquilo y alegre... hasta ayer. Esta mañana se veía turbado, indeciso... Se asomó a verlo. Seguía allá, tendido. ¡Qué raro! No había aprovechado la soledad para desnudarse. ¿Qué le pasa? se preguntó y echó a caminar hacia él. En ese momento se oyó llegar el coche. Regresaba la familia.

Juan se puso de pie. Le sonrió.

—Ten... —le extendió el vaso de whisky intacto—. Ya se calentó esto.

—¿Se siente enfermo? —inquirió asombrado.

Juan soltó a reír.

—No. Pero no te alegres, al rato me desquito.

XIV

—Verte así me quita un peso de encima. Además, debo confesarte que no he sido discreto. Le pregunté a Lucía y me hizo tantos elogios que no le creí y acudí a mi fuente de información más fidedigna... a Ricardo, y cuando le pregunté cómo te habías portado, me contestó: "Como yo"; creí que no me había entendido y agregué: "¿Y de copas?", y dijo: "¡Ninguna!"

—¡Canalla! Eso eres, un auténtico canalla —y Juan soltó a reír, aún sorprendido de lo a gusto que se sentía frente a Gabriel.

—Me preocupo por mis pacientes.

—No soy tu paciente... —y agregó con triunfo—: Y creo que no lo seré nunca. Me atenderás un catarro... una pequeña infección intestinal... ¡nada más!

Los dos matrimonios que habían venido con Eusebio eran los Medina y los Michurin, es decir: Rebeca —hija de Constanza y Eusebio— y su marido, quienes habían llegado, inesperadamente, de París. Por eso Eusebio no había dicho de quiénes se trataba, para que resultase una sorpresa. Rebeca se acercaba entonces a los veinte años, y dos atrás se había casado con André Michurin, hijo de un importante industrial en alguna rama de la mecánica relacionada con motores. Al terminar el bachillerato —y sin más remedio que ceder ante los constantes ruegos de la tía Sarita—, sus padres la habían mandado a Francia por un año, pero el encuentro con Michurin hizo que su estancia se prolongase, indefinidamente. Los padres, aunque desolados por la distancia, no tuvieron más remedio que aceptar la boda y quedarse solos. Habían tenido dos hijos; el segundo —también llamado Eusebio— vivió escasos veinticuatro meses, murió de pulmonía.

Apenas vio a Rebeca el azoro de *Dondán* no tuvo límites; fue como encontrar *viva* otra vez a la abuela; no se trataba de "un notable parecido" sino de una reproducción textual, sin ningún rasgo de Constanza, ni siquiera los gestos o el timbre de voz. Él no había vuelto a verla desde los trece años pues a esa edad era muy delicada y el calor para la niña resultaba una amenaza de deshidratación continua, por lo que rara vez acompañaba a sus padres a *Las Estaciones.*

Fue la tercera en bajar esa noche, con un vestido de gasa blanca que la hacía etérea; llena de aquella fragilidad que tanto Eusebio como Juan habían tenido en los primeros años para dar paso en poco tiempo a la firmeza y salud de los Rebollar. Los chicos habían cenado primero pues Eusebio había traído una televisión de la que, naturalmente, no podían separarse.

Pronto se reunió todo el grupo, menos Lucía que daba en la cocina sus últimos toques a una zarzuela de mariscos, cuyo incitante aroma llegaba hasta ellos.

Michurin, quien visitaba Acapulco por primera vez, estaba encantado con el lugar y el calor. Aunque de nacionalidad francesa, tenía ascendencia eslava y su calvicie prematura lo hacía parecer de más edad. Se expresaba bastante bien en español; sin embargo, con frecuencia hacía uso de su propio idioma con su esposa y ella traducía.

—Dice —exclamó Rebeca—, que a pesar de la diferencia de clima y arquitectura siente el mismo espíritu en esta casa que en la de Reforma.

—¡El fantasma de los viejos! —exclamó Juan—. Y ahora, brindemos por el fantasma.

—Los —corrigió Eusebio empecinado en el plural.

—¡Uno solo! ¿Saben que mi hermano y yo siempre hemos tenido una discrepancia de… número? Yo afirmo que, a la fecha, mi padre y mi abuelo, son un solo fantasma. Y en realidad —si se medita—, la cosa sucedió todavía en vida de mi padre. Don Luis Enrique fue un ser lleno de amor y de esa sabiduría que no emana de los libros sino de la bondad nata, de la justicia como dogma, y también… del buen vivir. Don Luis Mario en cambio no era *por naturaleza*, ni bondadoso ni justo, aunque no dudo que desde joven se propusiera serlo. Pero, ¡fíjense bien!, era un propósito, no un modo de ser. Mi abuelo no tenía que hacer el menor esfuerzo para ser bueno, papá, sí. Sin embargo, después de la muerte de su padre se fue transformando en él. No hablo de una metamorfosis súbita, fue un proceso que casi duró diez años y que llegó a consolidarse tan íntegramente que se puede afirmar que mi padre se desvaneció en el aire, ¡desapareció!, y en cambio mi abuelo, yo creo que eso se sacó por ser tan bueno, ¡murió dos veces!... Bravo por André, es muy perceptivo.

Michurin volvió a hablar en francés y vino la traducción.

—Pregunta si mi bisabuelo construyó esta casa.

—No —respondió Eusebio—, él nunca conoció esta propiedad. Murió cuando ya nos pertenecía. Nunca quiso venir. Lo consideró un viaje muy largo e inútil.

—Parece estar aquí —dijo André.

—¡Está! —afirmó categórico Juan—. Y yo no me atrevería a afirmar que *no* ha estado aquí, también en vida estuvo, aunque por interpósita persona. Y después, como ya los viajes no le resultan molestos, va y viene, y si se le antoja permanece una temporada. En una ocasión, hace muchos años, llegó precipitadamente, en una noche de luna, a mi llamado.

André no entendió todo lo que decía Juan y pidió a Rebeca que le tradujera. Norberto, bajo la vigilancia de *Dondán*, recogía los platos. Se retiraron ambos cuando Juan decía las últimas palabras. Un escalofrío recorrió la espalda del viejo. Y creyendo que no lo hacía en voz alta, dijo:

—Eso fue, ¡claro está!, don Luis Enrique. ¡Por eso no ladraron los perros!

—¿Qué murmura? —le preguntó Cenobia que lo esperaba a cenar.

—¿Hablé? —inquirió sorprendido.

—Sí, algo de don Luis Enrique.

—¡No me haga caso! ¡Ahora sí creo que empiezo a chochear!... Norberto, lleva la charola del café al mirador, y avísale a la señora Lu... ¡No!, a la señora Constanza. ¿Dejaste allá las copas y bebidas que te dije?

Norberto asintió y fue a cumplir su cometido.

—Venga a sentarse, don Daniel, lo estoy aguardando para brindar —exclamó Cenobia señalando dos tarros de cerveza recién servidos.

—¡No! —gritó alegre *Dondán*—. Dejaron más de media botella de vino del Rin, ¡bien helado! ¡No cometa la insensatez de probar esa agua sucia! Se las daremos a Norberto pues el vino apenas si alcanza para usted y para mí.

—¡Que no me hable de usted! —protestó ella.

—Bueno, niña, bueno.

Cenobia se había encargado de que su mesa estuviera tan bien puesta como la principal: flores y velas la decoraban, y un mantel de lino que casi arrastraba.

—¡No se vaya a burlar de mi mesa! Sentí que ésta era una noche de fiesta.

—Lo es —y después del primer brindis se quedó abstraído.

—¿Qué le preocupa?

—Perdón Cenobia, ¡nada!... Es que, allá en la mesa hablaron de fantasmas y eso me dejó pensativo.

—A mí no me agrada hablar de fantasmas —afirmó ella categórica—. Los invoca uno...

—Pues, te juro que, esta tarde, yo vi uno...

—¡Ay nanita! ¿Feo?

—¡Todo lo contrario! ¡Muy hermoso! Estaba —está— en el cuerpo de la señorita Rebeca.

—Es señora...

—El espíritu de su abuela, la esposa de don Luis Mario. Hagamos lo que el niño Juan, brindemos por ellos.

—¡No me espante! No brindo, es peligroso... pero sí digo: ¡Salud!

En el mirador la conversación estaba animada. De pronto, Lucía soltó a cantar y los fascinó; cantó largo rato y no le permitían dejar de hacerlo hasta que ella protestó, cansada. El calor había menguado. Una agradable brisa llegaba hasta ellos. André se sirvió más coñac y se sentó al lado de Juan.

—¿A qué se refería, cuando dijo que llamó a su abuelo?

—¡André, André! Es una larga historia, y no para esta noche, ¡no!

—¿Por qué no vamos a bailar? —propuso Constanza y Marina aplaudió entusiasmada.

—¡Sí, sí, vamos! —urgió—. Me hablaron de un nuevo sitio, el *Tequila a Go-go*.

—Si mi esposa lo recomienda debe haber un ruido infernal allí —dijo Gabriel.

En el *Tequila a Go-go* no duraron mucho. Estaba a reventar y decenas de parejas aguardaban lugar. Tomaron una copa de pie; sin poder estar juntos, la avalancha de clientes los empujaba, los separaba, se perdían. Hubo un momento en que Lucía quedó a un par de metros de Juan. Ella le gritó para que la viera mas era tan intenso el ruido que él no escuchó. Lo perdió de vista un instante y cuando volvió a localizarlo se aterró: tenía la misma expresión de solapado miedo, de angustia, que ella conocía tan bien. Con dificultades lograron reunirse y Constanza propuso que fueran mejor a *La Perla* para que André viera a los clavadistas. Partieron.

Aquello estaba también atestado, mas como allí conocían bien a Eusebio en un momento obtuvieron una magnífica mesa. Buscaron el mejor sitio para André y Rebeca. Para tranquilidad de Lucía, ella y su marido quedaron en el rincón más oscuro que ella sintió como un refugio. Sus nervios se relajaron al escuchar que Juan hablaba otra vez alegremente.

—No sería difícil que en cualquier momento viéramos a la loca de Natalia Krauss —comentó Eusebio.

—¿Por qué? —preguntó sorprendida Lucía.

—Porque vino en el mismo avión que nosotros. Nos saludó poco antes de abordarlo... Después ya no la vimos.

—Eso me hace recordar a nuestro amigo Ronny —dijo Rebeca—, un señor que embarcó con nosotros en París, muy educado y bien parecido. Nos dijo que no conocía México, y prometimos pasearlo. Venía junto a nosotros caminando ya de salida de la aduana cuando yo creo que lo espantó André que de pronto gritó: "¡Voilà, ton père! ¡Monsieur Rebollar!"... ¡y ni más!

Michurin sacó su cartera y extrajo una tarjeta, leyó:

—Ronald Douglas... ése es su nombre.

Por fortuna ni Lucía ni los otros vieron la expresión de terror y asco que se pintó en el rostro de Juan. Si Cenobia hubiera estado allí, y si hubiera conocido la historia de las vacaciones punitivas, habría gritado:

—¡Lo ven! ¡No hay que hablar de fantasmas!

XV

La AGENCIA de viajes había marchado desde su fundación con paulatino y progresivo éxito. De pronto ese ritmo empezó a aumentar y luego, a raíz de la publicación del folleto *Sus vacaciones en 1966*... que tenía dos secciones, *Si usted viene a México*, y, *Si usted sale de México*, en edición bilingüe, la TMC se congestionó a tal grado de trabajo que los hermanos Rebollar se vieron en la necesidad de duplicar el personal de oficina y quintuplicar el de guías. Movían pequeños y grandes grupos fuera y dentro del país; de súbito el número de éstos creció tanto que se volvió monstruoso y naturalmente sus ingresos se multiplicaron en la misma proporción. El estirón provocó que toda la casa —incluida la planta alta— se dedicara a oficinas por lo que, con cierta tristeza, Eusebio y Constanza dejaron de vivir allí. Emigraron hacia el oeste, a Las Lomas, para no quedar demasiado lejos de su centro de trabajo y al mismo tiempo estar más cerca de Juan quien vivía también en esa zona. Desde luego no todo el mobiliario fue trasladado a la nueva casa (de hecho, muy poco), por lo que las dos señoras Rebollar se pasaron un par de meses encantadas con el saqueo a manos llenas de las tiendas de antigüedades. El fausto con que quedó montada la nueva propiedad fue tal que no desmereció en nada al compararla con la anterior, lo que disipó toda tristeza.

Vinieron años de creciente auge económico, y a ellos los sucesos del 68 no los afectaron en ningún sentido puesto que ese año viajó la gente más que nunca. Sin embargo, fueron testigos de algo que no pudieron olvidar. Los disturbios se hacían sentir en toda la ciudad y el Paseo de la Reforma había sido escenario de multitudinarias manifestaciones que ellos habían contemplado desde los balcones de su fortaleza —clareaba tanto la otrora tupida cortina de árboles—, como algo que no les atañía. Varias veces cerraron las oficinas para protegerse de actos vandálicos, aunque nunca atentaron contra su negocio.

Una tarde, estaban solos en lo que antiguamente había sido la recámara de don Luis Enrique —un espacio casi tan grande como un salón de baile— que, curiosamente, habían convertido en la "Sala Olmeca", sitio donde celebraban cocteles para grupos muy selectos, y que ahora estaba decorado con muebles modernos, de una sobriedad de líneas impecable, y piezas arqueológicas, originales, de esa cultura, que habían costado una fortuna a Eusebio y representaban para él fuente de continua satisfacción por su belleza y exclusividad. Solían reunirse allí diariamente para comentar los nuevos proyectos o ultimar detalles de tal o cual próxima excursión.

El desconcierto empezó sin que ninguno de los dos hermanos supiera qué lo originaba. Al principio uno y otro —en distintos momentos—, habían visto hacia su alrededor, intrigados, en busca de algo extraño que no alcanzaron a determinar. Mas la sensación de que *algo* ocurría creció y se hizo incómoda y fue Eusebio quien, sin disimular su azoro, preguntó:

—¿Qué sucede?

Era lo mismo que quería preguntar Juan, pero tenía tanto miedo a exteriorizar sus miedos por temor a que fueran sólo producto de su imaginación, que en cierto modo fue un descanso para él saber que *aquello* era real; aunque, como todo lo desconocido, pudiera implicar un serio peligro.

—No lo sé. . .

Entonces fueron conscientes de que los rodeaba un gran silencio y de que lloviznaba. Y lo grave —ambos lo comprendieron— fue que ese silencio no provenía del salón sino del exterior. Caminaron hacia el balcón y abrieron la puerta no sin recelo. Ningún ruido, como si la ciudad hubiera muerto. Y de pronto empezaron a percibir un rechinamiento pesado que avanzaba y les recordaba algo que ellos *no* habían vivido. Antes de salir al balcón notaron con estupefacción que ningún coche pasaba. ¡No era posible! Y la pregunta regresó: ¿Qué sucede? ¿Qué es ese ruido que se acerca?

El Paseo de la Reforma estaba vacío y ese simple hecho parecía espeluznante. El rechinar, sordo, contundente, aumentaba y sus ojos desmesuradamente abiertos vieron lo que lo producía: tanques de guerra. Tanques blinda-

dos brotados de una pesadilla bélica de una mente des-
quiciada. El sonido de las máquinas semejaba un coro
vaticinando destrucción. Por varios segundos el terror les
impidió pensar y de repente se percataron de que, sin
saberlo, se habían tomado de la mano. Avergonzados se
soltaron, demasiado conturbados para poder decir palabra. Entraron y se sirvieron un whisky solo cuya fuerza
no sintieron. Muchas preguntas acudieron a ellos pero
ninguna fue expresada. Además, apenas se reanimaron,
evadieron toda posibilidad de afrontar la situación. No
deseaban pensar en eso.

Y no pensaron. Para ellos era fácil.

Una noche cenaron —él y Lucía— en casa de los Medina. A solas, Gabriel preguntó:

—¿Fuiste al entierro?

—No pude... Traté... Me vestí de negro, pero no tuve
valor...

La inhumación de Luis Lucero había sido el día anterior. Su agonía final, de más de tres semanas, bajo el horror del delirium tremens se había prolongado tanto que
incluso para médicos y enfermeras resultó inconcebible
su duración. Un infierno tan ardua como inútilmente dilatado. Jamás habían visto a otro enfermo capaz de aguantar ese ininterrumpido estado de angustia, y más, cuando
el paciente pesaba treinta kilos y parecía tan frágil como
un bebé.

—Estás bebiendo mucho.

—¿Quién te ha dicho?

—No es necesario que le pregunte a alguien para saberlo. Además, sabes bien que es un tema que a Lucía no
le gusta tocar.

—En el momento que yo quiera puedo dejar de hacerlo.

—Eso mismo decía Lucero.

—¡Mientes! ¡Lucero jamás dijo algo así!

—Me lo dijo a mí, muchas veces, y puedo jurarte que
cuantas veces lo hizo fue sincero; tuvo el convencimiento
de que podría lograrlo.

—Somos casos muy distintos, no hay punto de compa-
ración.

—Totalmente de acuerdo contigo. ¡Pero...! Ya eres un
caso y necesitas ayuda médica.

Juan pretendió rebatir; luego, lo pensó mejor y desistió como si fuese una pérdida de tiempo. Haciendo girar el vaso en su mano, agregó amistosamente:

—No, Gabriel. Te lo agradezco. Ahora, a mi vez, quiero hacerte notar que tienes una deformación profesional que te hace ver pacientes en todo el mundo. Hoy, por ejemplo, fui a una comida —de negocios—, en la que se bebió en abundancia... Dime: ¿Tengo acaso aspecto de estar mal? ¿Me expreso con incoherencia o tartamudeos?... Y se puede decir que hoy he bebido mucho más de lo que acostumbro... Así que, tus ojos te hacen ver visiones. Por otro lado, sabes que no voy a cantinas, y que mi vida se ha vuelto bastante pacífica.

Mentía. La repugnancia que siempre había experimentado al acto de beber solo en un bar, se esfumó de un día para otro; y, peor aún, los sitios que frecuentaba habían descendido de categoría en un afán de no encontrar conocidos. Periódicamente —desde que Rebeca había hablado de él—, lo obsesionaba la idea de que Douglas iba a aparecer de nuevo en su vida para tomar revancha por los años de cárcel. Y este encuentro, que a los veintitantos años él deseaba para vengarse, ahora lo perturbaba hondamente. En primera, porque Ronald Douglas no tenía cara, sus rasgos —si alguna vez los tuvo— se habían esfumado de modo tal que podía ser cualquier gente, y estar a su lado, sin que él pudiera saberlo. Y en segunda, esa peculiaridad lo hacía omnipotente, no podría luchar contra él, no sabría defenderse ni atacar. Con precisión sólo recordaba los ojos y la espalda de su enemigo; esta última, amplia, musculosa, la volvía a ver en el coche, desde los brazos de Leonora. Los primeros, cuyo color y forma no eran constantes, no perdían jamás su brillo ni su intensidad, ni menos aún su expresión lasciva y penetrante que lo devoraba como bestia. Unos ojos que saltaban frente a él en los momentos más insólitos, a veces en la oficina, en ocasiones sobre las paredes de su recámara. Y desde luego de nada servía cerrar los ojos o mirar hacia otro lado puesto que entonces permanecían en su cerebro. Pero de repente desaparecía todo eso y su existencia recuperaba su simpleza y su felicidad. Así había estado en la última quincena y si no quiso ir al entierro de Lucero fue porque *sintió* que Douglas estaba en la esquina de su casa, aguardando a que él saliera y no había por qué darle la oportunidad, a sabiendas, de que empezara a perseguirlo otra vez. Si empleaba la astucia, no habría peligro.

Sus palabras sirvieron para convencerlo a él y, triunfal, agregó:

—Por último dejo constancia de que trabajo con perseverancia y sin errores ni olvidos ¿no es suficiente?... —de la seriedad saltó a la frivolidad y en tono alegre exclamó—: Y ahora dígame usted: ¿Tiene alguna idea o algún deseo concreto para su viaje?... Entonces, déjeme que yo lo oriente... Dado que conoce casi todo el mundo, le recomiendo... ¡Las islas Feroe!

—¡No me digas que vas a hacernos viajar! —exclamó Marina que entraba en ese momento con Lucía.

—¡Viajamos mucho! —protestó Gabriel.

—Acompañarte a congresos no es viajar.

—No irás al próximo —amenazó Gabriel en broma.

—¡Ya veremos! —exclamó con una alegre carcajada Marina—. De verdad, Juan, muy muy en serio, ¿podrías planearnos un viaje a donde no hubiera nada que aprender de medicina, ni encontrar una celebridad científica, y que no tenga sanatorios dignos de visitarse?

—Las islas Feroe.

—Mientras cenamos me contarás qué alicientes ofrece.

—De inmediato te nombro uno: el peligro.

—¿Qué clase de peligro?

—Que cambie el tiempo y no puedas regresar y permanezcas semanas y semanas sin saber a ciencia cierta cuándo podrá ser el retorno... O a la mejor no hay retorno.

—¡Lo dices con un entusiasmo!

—¿Acaso no sería maravilloso? —y verdaderamente lo decía subyugado.

XVI

Dos días después de esta reunión que se prolongó hasta la madrugada planeando viajes absurdos, Juan desapareció.

A Lucía le llegó una nota, con mensajero, que decía: "No te preocupes por mí. Me voy una temporadita. En dos o tres semanas estaré de regreso. Comunícaselo, en la forma que te parezca mejor, a los niños y a Eusebio. Te ama." Su primera reacción fue llorar desconsoladamente; después, prometerse que no lo haría más. Le preocupó la explicación que daría a los chicos pues Juanito ya tenía dieciséis años y no sería fácil convencerlo. Por Eusebio no se preocupó, él comprendería. No era ésa la primera fuga de Juan, mas sí la primera en que dejaba nota, lo que implicaba que había sido una decisión tomada a conciencia, y, si decía "tres semanas", ¿cuánto sería? A los niños —por recomendación de Eusebio— se les dijo que había partido con un grupo, muy especial... a la selva lacandona y que por eso no podría llamar... no había teléfono... estarían aislados... Se trataba de unos investigadores, arqueólogos... franceses, que habían llegado de súbito, recomendados a su especial atención por el primo André Michurin... Una exploración... incluso un poco secreta. La mentira crecía día tras día con nuevos detalles que la hacían verídica sobre todo para Nelly y Ricardo. Juanito no hacía ni preguntas ni comentarios.

A Lucía le molestaba el papel de víctima, porque ello implicaba que el victimario era su esposo, y no lo toleraba. Como tampoco toleraba que, con la mejor intención, tanto su concuña y cuñado como los Medina, le dijeran abrazándola o dándole un apretón de manos: Él te quiere. Él te ama mucho. ¡Claro que sabía que Juan la amaba! Como también era un hecho que ella lo adoraba; mas... ¿de qué servía?

Transcurrieron dos semanas sin ninguna noticia. Una tarde, después de dormir la siesta, entró Cenobia corriendo a su recámara. El súbito susto desapareció al ver la cara alegre de su sirvienta.

—¡Ya vino, señora! —gritó emocionada.

Desfallecida de felicidad ella preguntó:

—¿Está abajo?

—No, aún no llega, pero *ya* viene...

—¡Gracias, Cenobia, gracias! Me pintaré un poco... y bajo corriendo.

Había flores, todo estaba limpio. Fue al jardín y gritó:

—¡Niños, niños! Papá no tarda en llegar.

La gritería de felicidad no había terminado aún cuando el claxon del coche de Juan se escuchó. Lucía sintió las piernas inseguras y se sobrepuso a fuerza.

—¡Yo primero! —gritó como si se tratase de una competencia, y antes de que él dijera una palabra, que se dibujaba ya en sus labios sonrientes, preguntó—: ¿Cómo es la selva lacandona?

Después de besos y abrazos, todos estuvieron atentos, por mucho rato, a las cuidadosas descripciones y a los detalles de la exploración cuyas pautas, hábilmente, daba Lucía. Juan armó un relato tan prolijo y emocionante en partes que no podía negar su remota y fuerte influencia de Salgari. Eusebio y Constanza llegaron (sin estar enterados de su regreso) y se unieron al entusiasmo. La situación era *tan* normal que Lucía sintió ganas de llorar de impotencia.

Al día siguiente él partió a su trabajo como de costumbre y antes de cinco minutos Benjamín entró a avisarle a Lucía que la señora Natalia Krauss deseaba verla.

Fue una desagradable noticia, sobre todo porque no había modo de escapar a la visita ni razón que justificara una negativa a recibirla. Aún estaba en bata y pidió a Benjamín que la pasara a la sala y le dijera que no tardaría en bajar. ¿A qué vendrá?, se preguntó mientras elegía qué vestido ponerse, ¿y tan temprano para ella? La actriz siempre había proclamado que nunca se levantaba antes de las tres de la tarde. Una sospecha se abrió camino en su cabeza. No la dejó progresar. Vendrá para una colecta o... una función de beneficio... Es lo más seguro... sin embargo, sintió miedo.

A la primera mirada fue reconfortante para Lucía comprobar que ella se veía más joven, y que Natalia empezaba a engordar, aunque no se notara mucho. Se besaron.

—Estás preciosa, querida...

—Gracias. Nunca más que tú...

La mirada de la Krauss fue ansiosa y la escrutaba como si quisiera arrancarle un secreto.

—¿No te sorprende mi visita?

—Pues... ¡Sí, bastante!

—Estoy preocupada, Lucía...

Y de nuevo apareció la ansiedad, la espera de algo que Lucía no alcanzaba a descifrar. Natalia, venciendo sus dudas, se atrevió a preguntar:

—¿No te dijo nada?

Un frío de muerte cubrió a Lucía. ¿Dónde estaba Cenobia? ¿Por que no corría a protegerla?

—¿De qué hablas...?

—¡No te lo dijo, claro está! —se acercó a ella y le tomó la mano. Sus ojos eran suplicantes—. Lucía, sé que nunca hemos sido amigas, que no puedes considerarme tu amiga, pero te juro que lo soy, por eso estoy aquí... ¿nos sentamos?

Ella asintió sin quitarle los ojos de encima, la otra agregó:

—¿Me crees?

Lucía asintió otra vez. Natalia le soltó la mano y buscó sus cigarrillos.

—Juan pasó conmigo estos quince días. ¡No vengo a herirte ni a hacerte sufrir de celos! Pero tengo que decírtelo todo. Comenzaré por aclarar —aunque lo sabes bien—, que Juan me gusta y que siempre he sentido por él algo mucho más hondo de lo que él jamás sintió por mí. Muchas veces he pensado en ti, Lucía, y si no lo hubieras hecho tan feliz yo te odiaría. Tú me lo quitaste... A ti sí te ama. Tampoco vengo a que me compadezcas. Vine porque él me prometió contarte todo... Estaba yo a media cuadra de aquí, hacia arriba, esperando que él saliera para verte. Ahora que lo sé todo, ¿qué piensas hacer?... ¿Podemos hacer algo juntas?

El desconcierto y un malestar indeterminado acosaban a Lucía. Con voz seca respondió:

—Te repito que no sé de qué me estás hablando, ni a qué te refieres cuando dices que lo sabes *todo*. Te ruego que me expliques.

—¡Oye, tú sí sabes que está loco!

—¡No! —gritó Lucía.

—¡Pues lo está! ¡Con delirio de persecución! ¡No nos fuimos de luna de miel o de parranda! ¡No! Me pidió que lo escondiera, que le diera refugio. ¡Y me espantó! Creí que se había metido en un lío gordo; no sé qué tantas tonterías pasaron por mi mente en ese instante. Lo que sí recuerdo con exactitud es que antes de indagar de qué se trataba decidí ayudarlo, aunque eso me convirtiera en su cómplice. Me lo llevé a mi casa de Cuernavaca después de cerciorarnos de que nadie nos seguía. ¡No sabes cómo le agradecí que acudiera a mí! De tonta pensé que tú ya no le interesabas... ¡Aunque esa ilusión me duró muy poco!... Estaba bajo un terrible shock nervioso. En la carretera se recuperó un poco y me dijo que tú estabas enterada de su partida, y que de pronto, al ver que lo perseguían cambió de planes y vino a mí... En esa hora de carrera lo esencial fue salvarlo y no me sentí segura hasta que llegamos a mi casa. No me atreví a hacerle muchas preguntas pues vi que se aterraba y lo dejé beber todo lo que quisiera a pesar de que llegué a temer que tuviera una congestión alcohólica. Y así siguió por muchos días, bajo la angustia y el terror, sin reír, sin nada de esa chispa y fuerza con que yo lo asociaba, ¿desde cuándo es así?

—Nunca lo he visto así. Es como si me estuvieras hablando de otra persona a quien no conozco.

—Lucía, eso no es posible —y en tono de súplica—: no mientas. No se llega a ese estado de un día para otro... Sus nervios están deshechos... ¡y con esos insomnios y esos gritos!... Llamé a un médico para que lo calmara. Durante cinco días lo hizo dormir; apenas despertaba regresaba a él la intranquilidad, el miedo. ¿Quién es Douglas?

—¿Douglas?... No conocemos a nadie con ese nombre. No me veas así, lo juro. Creo todo lo que me dices, aunque sea una sorpresa para mí. Créeme tú también.

—¿Y Leonora?

—Tampoco lo sé.

—¡Pues no puede haberlos inventado! No creo que la imaginación de alguien sea capaz de inventar un ser y luego espantarse de él... El monstruo de Frankenstein era real, existía, eso, puede ser... ¡Y ese par debe existir! ¡Él los ve! ¡Habla con ellos!... Por Dios, Lucía, ofréceme algo

94

de beber porque empiezo a sentirme enferma. ¿Es Juan muy imaginativo?

Lucía recordó la brillante, reciente y viva selva lacandona.

—¡Mucho! ¿Qué prefieres?

—Un coñac.

Consideró preferible no llamar a Benjamín, fue a servirlo ella misma. Se sentía mareada, y una creciente congoja la abatía ante la certeza de que las palabras de Natalia no cobijaban ni mentiras ni exageraciones. Se trataba de algo que, simplemente, ella se había negado a afrontar.

XVII

"Tea *for two, and two for tea*"; el resto lo tarareó girando por la alcoba. Su canturreo era más bien un murmullo, no quería despertar a Juan. ¡Nunca olvidaré esta noche!, se dijo reviviendo las caricias. Fue al espejo para ver si no había cambiado, con la certeza de que vería a otra persona que no tenía que ver con la anterior Natalia... no podría ser ya la misma puesto que ¡amaba! ¡Por primera vez, verdaderamente, amaba! Se lo repitió a sí misma, en voz baja, infinidad de veces tan pronto como él se durmió. Hasta tenían la misma temperatura; con él no le pasaba lo que con otros cuerpos que o bien resultaban fríos o no se soportaba su calor. El coqueteo no había durado mucho, como de costumbre, pero en este caso más que una gran atracción física (que la había) fue la curiosidad que le despertaba el encanto tan intenso que tenía Juan, los ojos inquietos y fogosos. Pensó que si pasaba la noche con él se divertiría pues era agradable, sabía reírse... Y le sucedió algo más trascendente: se enamoró.

El Barbaján lo acompañaba con frecuencia y le fue simpático, a pesar de que no desaprovechaba la menor oportunidad para hacerle una caricia sucia. A la segunda vez ella le largó un golpe soberano y precisó:

—Me interesa él, no tú. ¿De acuerdo?

Aunque acostumbrado a los triunfos *el Barbaján* era buen perdedor.

—¡Pues seremos camaradas! Aunque eso me obliga a quererte tanto como a él. ¿Te puedo dar un beso de cuando en cuando? —y guiñó el ojo.

—Los que quieras, pero nada de manoseos.

Le contaban sus aventuras en la escuela de aviación. Las bromas a los condiscípulos; los desacatos a los superiores. Y, en las prácticas, las piruetas en el aire cuando aún no estaban capacitados para realizarlas. Ella les reprochaba: Una muerte estúpida es... como no haber vivido. Javier había continuado los estudios y ya era piloto. Natalia comprendió que dentro de esa relación que a primera vista parecía tan discrepante había una verdadera amistad. Y siempre se quedó con la sospecha de que aquellos primeros intentos de seducción los había hecho solamente para probarla y ratificar que quería a su amigo. Hablaban también de las vacaciones que solían pasar en el rancho de un tío de Javier, en el estado de Puebla. Como las historias se las aprendió de memoria, cuando en alguna repetición surgía un personaje nuevo preguntaba de quién se trataba, de dónde había brotado. Su capacidad de memorización resultaba infinita y no admitía cambios o errores, lo que hacía que a veces ella les corrigiera las fechas, o los sacara de una duda.

Eusebio y Constanza le gustaron mucho. Vinieron a verla en *Casa de muñecas* y después cenaron juntos. Fue la primera vez que se le ocurrió que si él la introducía a su mundo quería decir que le interesaba más de lo que ella suponía y que por extensión podría esperarse que se casaran... ¿O no? Sabía conservar su aplomo en cualquier sitio y no demostrar jamás si se sentía un poco intimidada por la gracia y desenvoltura de Constanza, que sin nada artificial ni las menores dotes de actriz se sabía comportar como una reina en caso necesario. ¡Y cómo sabía de arte la mujer! Ella decidió aprender más, estudiar estética, saber más de las cosas. ¡Ah, si se casaran! No... —ya para entonces creía conocerlo bien—: él no es de los que se casan. Acepto ser su amante y nada más. Hasta acepto que tenga una que otra aventura, lo que quiera con tal de que siga a mi lado.

Vino una temporada de depresión y lo veía amargado, serio, hiriente cuando hacía una broma. A veces tenía malas borracheras. Sus fracasos en la cancha le dolían mucho. En cambio la derrota teatral no fue una frustración, simple y sencillamente un chasco del que se reía con frecuencia, se autoimitaba y ridiculizaba con mucho acierto. La temporada negra la preocupó:

—¿Qué tienes? ¿Qué te sucede?

—¡Nada! Ése es mi problema, no me sucede nada. Estoy un poco, o un mucho, harto... ¡aburrido! Quisiera que me pasara algo.

—Si quieres... —y lo dijo con una espontaneidad y firmeza que a otro habría espantado—, me mato.

Él pareció meditarlo. Respondió:

—De nada me serviría, a menos que... yo te matara.

Ella soltó a reír. Él no.

"Tea for two, and two for tea."

Él la interrumpió:

—No te pongas contenta, ya te dije que no quiero que vayas a esa fiesta.

—Constanza me invitó, soy *su* invitada.

—Tú la forzaste y ella es demasiado educada, por eso no te dijo que te fueras al carajo.

—Pues voy a ir.

—¡Allá tú! Yo te advertí. Y desde luego, no esperes que pase a recogerte. Tengo un compromiso del que ya te hablé.

No se arrepintió de haber ido; aunque esa noche conoció a Lucía, quien le fue presentada por Juan como su prometida. No lo creyó. Sopesó a la enemiga y no la consideró adversaria de cuidado. Hablaron calurosamente y luego, en un momento de distracción, volvió a cantar: *"Tea for two, and two for tea."*

La noticia no le pareció tan mala. Era de los que *sí* se casaban. La posibilidad de éxito aún no estaba perdida; sería cuestión de rehacer caminos.

—¿Bailamos... camarada? —le preguntó. Y a ella— ¿Me lo prestas?

—Sí. ¡Cuantas veces quieras!... Prestado —con una condescendencia llena de dulzura.

Fue Constanza quien la sacó del error.

—Juan *sí* la ama. ¡Si no fueras... como eres!, ya te habrías dado cuenta.

—¿Y cómo supones que soy?

—¡Querida Natalia! ¡Deliciosamente loca, alegre, vital! ¡Y ciega! Desde luego, a conciencia, no puedes sentirte engañada puesto que siempre supiste que no era tuyo, y estoy segura de que de ese hecho dimanó tu pasión, de otra manera no se justifica, ni habría sido tan hermosa para ambos. Además, Natalia, no necesito consolarte... por desgracia para Lucía.

—Pero es que... ¡No veo qué puede ofrecerle esa chica!
—Reposo.

—*Barbaján*, tráelo, por favor —suplicaba ella cuando se pasaba mucho tiempo sin verlo.
—¿Qué me das? —condicionaba, en broma, él.
—¡Que me veas feliz!
—Bueno.
Y cuando ambos sabían que no podrían encontrarlo o hacerlo ir, Natalia le rogaba, arrebujada en el sofá, abrazándose las piernas.
—Cuéntame cosas...
—Te las sabes mejor que yo.
—No importa. Quiero oírte... ¿A qué edad se conocieron?
—Los dos teníamos dieciocho, él nació en abril, yo en octubre...

En unas vacaciones, en Cuernavaca, decidió que se aprendería el papel de Blanche du Bois. Nadie pensaba en ese momento reponer la obra, sencillamente a ella le gustaba mucho el personaje y, si lo decía *de maravilla*, tal vez lograra interesar a alguien. Tocaron la puerta y un poco irritada por la interrupción fue a abrir. Era Juan y cargaba una maleta.
—¡La abandonaste! —gritó extasiada, arrojando al suelo a Tennessee Williams.
—Me abandonó ella.
—¿De veras? ¿Lo juras?
—Por una temporada. Fue a visitar a su madre, con el niño. ¿Me das posada?
Y así, durante años, cada vez que Juan podía hacerlo, vivían juntos. Él, en efecto (como le dijo Constanza), no significaba *todo* para ella, pero... Hacía que el *todo* tuviera sentido. Junto a él la existencia tenía otra media, otra edad, otra perspectiva.

Con cierta frecuencia —sobre todo durante los primeros años del matrimonio de Juan— había ido a fiestas en casa de Lucía. Dejó de hacerlo al percatarse que se sentía más incómoda e inhibida ella que la propia Lucía quien la recibía con una cortesía insufrible. Por lo tanto se prometió no regresar más y rechazó las invitaciones que, de vez en cuando, le hacía Juan.

Una noche —bastante pasado de copas— la llamó para decir que el sábado daba: *Una fiesta por nada*, ella reprochó: Debe hacer *algún* motivo. Y la respuesta: Que soy muy feliz con Lucía... ¡Ah!... Decidió en ese momento que la señora Rebollar pasaría un mal rato en su fiestecita.

Llegó bastante tarde y fue grata sorpresa ver que *el Barbaján* estaba allí, y enterarse que había llevado mariachis que habían hecho que la fiesta se prolongara indefinidamente. Se unió al escándalo con entusiasmo, cantó, bailó y en un momento en que había logrado atraer la atención de todos y que sabía que estaban pendientes de sus palabras y movimientos, atravesó la sala —que ya no era sala sino un escenario—, fue directa a Juan y lo besó en la boca. Hubo cierto azoro colectivo. Lo disfrutó un instante y luego soltó a reír.

—¡Fue un impulso! —se disculpó teatral—. Los artistas no sabemos contenernos... No te importa, ¿verdad Lucía?

—No —respondió ella—, ni a mí, ni a él.

Y aquello ya no fue tan gracioso. En desquite decidió besarlo nuevamente, pero Javier adivinó sus intenciones y la atajó abrazándola y besándola.

—¡Otro impulso...! —exclamó, sonriente, *el Barbaján*.

Después de eso pasó meses sin ver a Juan, y cuando se presentó, una noche, volvió a hacerla feliz.

La última vez no fue así.

Los primeros tres días bebió sin parar y —a veces— regresaba a su rostro una luz de alegría, tan efímera que la dejaba más desolada. Al cuarto día le suplicó:

—Dame algo para dormir... Tengo miedo.

Llamó a Jordán; un médico, ex actor, ex dipsómano. Recomendó que durmiera setenta y dos horas. Lo visitaba dos o tres veces al día, le tomaba el pulso. No daba su opinión, era evasivo. Empezó después un periodo de fiebre, y cuando desapareció, se iniciaron las alucinaciones. Una tarde le dijo:

—Si no mejora, entre esta noche y mañana, tengo que avisarle a Medina, él sabe más que yo... y lo conoce.

—No quiere que se sepa que está aquí. Medina le dirá

a su esposa, y él no desea que ella se entere. Ya le propuse traerla y no quiere.

—Lo siento, Natalia. Si no mejora lo haré.

Y esa eterna noche los malditos Douglas y Leonora, ¡incluso Vivien Leigh!, regresaron y lo trituraron hasta dejarlo hecho un despojo. ¿Quiénes eran? ¿Qué había habido entre ellos? Cuando se lo preguntó —ya convaleciente— se negó a responder sus preguntas. Tras mil ruegos, aceptó que se lo diría a Lucía. Natalia estaba ensombrecida...

XVIII

La sorpresa de Gabriel Medina fue auténtica y no exenta
de diversión cuando ordenó que pasara a su privado la
señora Rebollar, y ésta entró en compañía de Natalia.
Hubo entre ellos varias bromas pues Natalia no era persona que se pudiese instalar en la desesperación y la ne-
grura mucho tiempo. Para ella entrar en acción equivalía
a entrar en escena y allí no se valían titubeos ni dilaciones. Aparentemente dueña de la situación exclamó:

—Gabriel, estamos preocupados por *nuestro hombre*
—enfatizó la expresión final para evitar equívocos, pero
de cualquier modo sonó muy graciosa en su contexto—.
Je, je... todos sabemos que así se dice a sí mismo.

De aquella reunión no nació ningún plan de ataque. Gabriel las hizo entrar en razón, calmarse y convencerse de
que el caso no estaba en el punto de alarma que ellas
pretendían. Hizo muchas preguntas, tomó el teléfono del
doctor Jordán para comunicarse con él. El paso —les explicó— lo tenía que dar el propio Juan, y mientras eso
no sucediera habría que esperar. Lucía aventuró la idea
de que si no se le podría curar sin su voluntad, y en forma categórica la rechazó el médico. Le hizo ver que sería
muy extraña una curación de esa índole; su experiencia
no registraba ninguna.

—Sin embargo, hemos ganado mucho —afirmó Gabriel.

—¿Qué? —preguntó Lucía.

—Que tú afrontes el problema. Ahora, ya no puedes pre-
tender que no existe, y podrás ayudarlo.

Lucía regresó a su hogar con vagas esperanzas; sin la
certidumbre que requería. Los hijos no tardarían en llegar. En la cocina, Cenobia batía un alioli, le dijo:

—Hace un rato, seño, usted no me necesitaba. Esa mujer vino con buenas intenciones.

—¿Yo qué...? —respondió ella.

—Usted creyó necesitarme, me llamó... mentalmente.
Y yo no hacía falta, ¿verdad?

Lucía contestó lo que acostumbraba en casos similares, aunque con un agregado:

—¡Ay, Cenobia, Cenobia...! ¿Qué haría sin ti?

Soltó a llorar. Cenobia no pudo abrazarla, y continuó batiendo, hasta que el alioli estuvo a punto. Al mimarla sintió su frente helada y le preparó un té con coñac. Frente a ellas, por el exterior, pasó Benjamín; después oyeron el ruido de cubiertos y vajilla: ponía la mesa.

—No tengo más que hacer aquí —dijo Cenobia colocando la taza en una charola pequeña—, la acompañaré a la sala para que tome su té...

Fue raro que Cenobia tomara asiento en un taburete próximo a ella, desde luego no lo tenía prohibido pero jamás se permitía a sí misma tales abusos.

—No sé qué hacer Cenobia, no sé... —le dijo, pero más bien hablaba para sí misma—. Siento como si durante toda mi vida hubiera estado sobreprotegida. Primero papá y mamá, con exceso por ser hija única, y después Juan. No soy tan ciega como para no haber advertido en él una grave irresponsabilidad... y... aunque parezca absurdo... Tenía visos de una irresponsabilidad llena de fuerza, respaldada por su poder. Jamás lo he asociado con la debilidad sino con la determinación...

El viaje de bodas iba a ser a Nueva Orleáns, y, de golpe, aquella ciudad no sería la meta sino la primera escala. Ella recomendó meditarlo, no decidirlo así, de súbito. Él no hizo caso.

Don Luis Enrique, un par de años antes de su muerte, de común acuerdo con su hijo, testó la casa del Paseo de la Reforma a Eusebio y la de San Ángel a Juan; los valores y el dinero invertido en diversos asuntos los dejó a la decisión de Luis Mario a sabiendas de que su predilección por el primogénito no lo haría ser injusto con el menor. No tuvo temores sobre los resultados posteriores a su muerte, sabía bien el gran cariño de Eusebio por Juan. Unos días antes de su deceso le entregó en dinero contante y sonante cien mil pesos a su hijo, con las instrucciones de invertirlo, reinvertirlo y, la víspera de la boda de Juan entregárselo *en efectivo* para que él dispusiera de esa cantidad a su entero antojo. Había una condición: el heredero no debería saber nada hasta la víspera del matrimonio. Las especulaciones fueron tan afortunadas que, once años después, le entregó poco más de medio millón de pesos. Juan no tuvo la menor duda: esa bendita suma la dilapidarían en un viaje a Europa, hasta donde alcanzara. De Nueva Orleáns seguirían a Nueva York, y de allí embarcarían en un transatlántico que haría escala en Lisboa y después los dejaría en Barcelona. Corría el año de 1951 y Europa vivía la posguerra; el mercado negro de dólares los hizo muy ricos. Aunque fue gracias a la administración de Lucía que el dinero alcanzó para un año, Juan habría estado en la ruina a los seis meses. Cuando Eusebio supo la suerte y la decisión de su hermano no aplaudió (por la severa expresión de su padre), sin embargo en su interior aprobó la locura de Juan, aunque fuese algo que él jamás haría. A esa irresponsabilidad habían seguido muchas otras... y las fugas... y los "recesos" que se daba cuando consideraba que había estado demasiado tiempo esclavizado al trabajo. Siempre había estado el whisky presente y siempre había habido sombras... Pero nunca se le había pedido que ella fuera la fuerte. Lo peor que le había ocurrido durante el matrimonio —la muerte de sus padres en un accidente automovilístico—, había sucedido poco antes de que Nelly llegara al año y soportó el trance sin perturbación gracias a la presencia de su marido, su entereza y ternura. Ahora había que trocar los papeles, y en aquel trueque admitir que ella y Natalia tenían intereses comunes, cosa que había aceptado tácitamente, ¿o no?...

—Después de comer —continuó dirigiéndose a Cenobia—, tengo que hablar con él a solas; encárgate por favor de que los chicos se queden abajo.

Juan buscaba también aquel encuentro y llegó antes que los hijos. La sorprendió todavía en la sala, abstraída. Cuando ella lo vio corrió a sus brazos como si hiciera siglos que no se vieran. Después le contó la visita de Natalia y le agradó percibir cierto enojo al enterarse. Terminada la relación, y con un aplomo y desparpajo tales que dudó de todo lo ocurrido en las últimas semanas, él, guiñándole el ojo, dijo:

—*Nuestro hombre* pide perdón. Esto no volverá a repetirse. Fue algo muy feo... ¡horrible, Lucía, horrible!... ¡Pero ya pasó!... Sé que abusé de la amistad de Natalia —le pediré disculpas después—... Créeme, encanto, no te quería espantar con esa pesadilla. Estaba yo... desprevenido. La muerte de Lucero me afectó mucho más de lo que quise confesarme. No permitiré que se repita... Me perdonas, ¿verdad?

—Sí... —agregó suplicante—: Juan, no debes beber.

—No; en la proporción en que lo estaba haciendo: No. Debo ser como Eusebio, equilibrado, medido... ¡y no pasará nada! Los dos bebemos a la par, es cuestión de familia, y, ya ves, él no tiene... contratiempos.

—Juan, dime quién...

—¡No me preguntes nada! ¡No quiero que hablemos más de este asunto! No habrá necesidad, tú misma lo comprobarás. No quiero recordar nada... nada. Te pido, te ruego, que confíes en mí como siempre.

Y la vida volvió a su ritmo normal.

XIX

CADA año fueron mayores los beneficios del negocio. Casi el país entero viajaba ya fuera en el interior o el exterior, según las posibilidades. Los Rebollar enriquecían más y más, y Eusebio, que en sus transacciones también empleaba, a veces, el buen ojo de su padre, invirtió una fuerte suma en el negocio de su consuegro —en Francia— y propuso a Juan que invirtiera. Éste se negó alegando que no quería ser tan rico como para que la fortuna se volviera una fuente más de preocupaciones, y que jamás había sido su propósito ser millonario. Gastaba a manos llenas y constantemente viajaba al extranjero con Lucía, a veces también con los niños. Le habría gustado viajar alguna vez con Natalia, pero se lo prohibía a sí mismo y se conformaba pagándole viajes a ella o al *Barbaján* (quien finalmente había tramitado el divorcio). Trabajaba arduamente, como si cumpliera con un castigo, y además, porque la actividad lo alejaba de él mismo. Los "recesos" desde luego nunca menguaron, por temporadas se recrudecían, y cuando empezaban a preocuparse por él de nuevo venía una regeneración espontánea.

A pesar de que vivían muy unidos los hermanos Rebollar, muy rara vez viajaban juntos. Ahora ya no sentían la urgencia de que uno de los dos debía quedar al frente del negocio, tenían un excelente personal de su absoluta confianza y con frecuencia andaban de paseo al mismo tiempo; tales vacaciones solían pasarlas por separado. Gracias a Cenobia, volvieron a reunirse todos —incluso los Michurin— en Acapulco.

Desde su primera visita a *Las Estaciones* tan pronto como desempacó sus cosas, lo primero que hizo Cenobia fue escribirle a *Dondán* para agradecerle sus atenciones. Su misiva (así como la respuesta a ella) se iniciaba con el consabido: "Espero que al recibo de la...", luego adquiría soltura y daba paso a la misma naturalidad con que se expresaba oralmente. La correspondencia se hizo asidua y no pasaba semana sin que se cruzaran cartas de modo que, con el tiempo, quien estaba al tanto de todo lo que sucedía en la finca era ella, y Daniel usaba su conducto para enviarle recados a Eusebio sobre la urgencia de llevar a cabo tal o cual reparación, o un cambio de tuberías, o, ¿le envío el packard, como quedamos?... A Eusebio le agradó que Cenobia se convirtiera en su corresponsal y acabó por comunicarse con *Dondán* solamente por teléfono, con el gusto de estar seguro que el lazo epistolar haría mucho bien al viejo, quien con frecuencia se quejaba de su soledad, no obstante que Norberto seguía a su servicio (ahora casado con Luisa) y le servían de compañía. Por ese medio Cenobia estaba enterada de los escasos contratiempos que le daba la salud a don Daniel, ocasiones que le servían para recomendar brebajes y prudencia. También por ese medio supo que se acercaba la celebración de los ochenta años del anciano, y se lo comunicó inmediatamente a Juan con el propósito de que éste decidiera festejarlo y fueran a *Las Estaciones*.

Juan tomó el cumpleaños como el máximo acontecimiento que podía haber dentro de la familia. El primer paso fue averiguar los calendarios escolares de sus hijos (nunca terminaban al mismo tiempo) y coincidió que todos estarían libres antes del 30 de junio. Después el asunto se trató con Eusebio y Constanza quienes compartieron la idea de festejar a *Dondán* con bombo y platillo. Constanza decidió que también Rebeca y André —si les pedía que adelantaran su próximo viaje— estarían presentes con lo que el viejo conocería a la recién nacida bisnieta de doña Rebeca. A los hermanos no se les olvidaba que el mayor número de recuerdos que tenían de su madre provenía del acervo de *Dondán*, ya que don Luis Mario nunca pudo decir arriba de tres palabras sobre ella sin que las lágrimas le arrasaran los ojos. También los Medina y *el Barbaján* serían invitados. Nelly —ya tenía trece años, casi una señorita— opinó que en el puerto debería tener amigos el tío *Dondán* y que, como ellos llegarían varios días antes, ella se encargaría de invitar a esas amistades.

Una noche se discutió si deberían enterar o no de la fiesta al festejado, y el consenso fue negativo. ¡Que fuera sorpresa! Entonces Cenobia les informó que don Daniel conocía los proyectos.

—¡No hubiera sido justo que él no lo supiera! Así, está

feliz desde hace un mes... ¡Nunca ha tenido una fiesta suya!

Lo pensaron y le dieron la razón.

La locura de la fiesta se volvió colectiva y llegó hasta Benjamín, quien después de pensarlo mucho no pudo resistir más y se lo comunicó a Cenobia. Ella lo escuchó circunspecta: sólo encontró un "pero" y se alegró de saber que Benjamín ya lo había tomado en cuenta y lo tenía resuelto. No aceptó ser intermediaria y dijo que él podía hacer directamente su petición con la seguridad de que sería tan bien atendido como ella misma. Es más, le ordenó que lo hiciera en ese mismo instante, y Benjamín, a paso corto, se fue a buscar a Juan.

Lo encontró en la biblioteca, con el whisky en la mano, contemplando el jardín.

—Señor... —exclamó confuso—. ¡Tengo muchas ganas de conocerlo!

Juan, desconcertado, preguntó:

—¿A quién?

—Mi hermana y mi cuñado podrían suplirme, si usted lo aprueba.

—No puedo aprobar lo que no entiendo. Explícame qué quieres.

—Conocerlo, al señor don Daniel, ir con ustedes a Las Estaciones, y como es su fiesta yo podría servir las copas y la mesa.

—¡Claro, Benjamín! Me alegro de que quieras venir.

Unos días más tarde Lucía vio entrar a Cenobia con una caja de bebidas.

—¿Y eso? —inquirió.

—Es una caja de manzanilla, Pochola —dijo con gran satisfacción—, para don Daniel.

—¡Regalarle bebidas! —objetó Lucía.

—El alcohol no hace daño a nadie —respondió rápidamente.

—¡Cenobia, Cenobia!

—Son los malos espíritus, seño, que se aprovechan de los pobres hombres cuando están felices y descuidados. Si el señor Juan no fuera tan bueno y dichoso no podrían hacerle daño esos malvados. Como ven que es feliz lo atacan... A don Daniel no lo atacan porque está solo y triste. ¡Será un gran regalo para él! ¿Sabe, seño? Siempre tiene una botella de esto y sólo toma una copa en los días de festejar... ¡Ahora podrá tomarla todos los días, que bien lo merece! Y usted, ¿qué va a regalarle?

—Unas preciosas guayaberas de seda, que le están haciendo en Mérida.

Una semana después llegó carta de *Dondán* y tan pronto como la leyó Cenobia corrió al jardín a buscar a Benjamín.

—¡Mira, mira! —le dijo—. Dice que te espera con mucho gusto y que vas a ocupar la recamarita del oeste, y que en tantos años de vivir allá... ¡tú eres su primer invitado!

—Su invitado... —repitió Benjamín gozoso.

El Barbaján también se sintió muy complacido con la invitación, conocía al viejo desde los dieciocho años. Recordaba el afecto con que fue tratado por él desde la primera vez y cómo *Dondán* le recomendaba que cuidara al *niño* cuando se iban a nadar fuera.

—¿Aún te dice *niño*? —preguntó.

—¡Naturalmente! —respondió riendo Juan. Pero su sonrisa se congeló. Acababa de recordar que *una vez* no lo había llamado así.

Pocos días antes de la partida, Cenobia recibió en la puerta unas voluminosas cajas. Entró con ellas en el momento en que Nelly bajaba la escalera. Al ver los paquetes gritó de emoción.

—¡Los vestidos! ¡Sube, sube corriendo a llevárselos a mamá!

—¿También viene aquí el tuyo? —le preguntó la sirvienta pues sabía hasta el hartazgo que Nelly llevaría por primera vez un vestido largo.

—¡Sí, sí, corre!

Cenobia obedeció y no paró hasta la recámara de la señora Lucía; cuando se iba a retirar Lucía la detuvo.

—¡Espera, espera! Necesitamos tu presencia.

Mientras, Nelly rompía cajas y revisaba el contenido, ¡por fin!, halló lo que buscaba. Un vestido azul, del azul de las hortensias, ondulaba en sus manos.

—¿Te gusta? —inquirió.

—Muy limpio, muy lindo...

—¡Es tuyo, Cenobia!

—Es para ti —reafirmó Lucía.

—¡No, señora, jamás me pondría una cosa así!

—Mentiras, mujer. Nelly me informó que tú siempre dices que si yo no fuera tan flaca te probarías mis vestidos largos... ¿verdad?

Cenobia tenía lágrimas cuando se contempló en el espejo con su ropa nueva. La palpaba extasiada por la tersura de la seda, y amedrentada, ¿podría caminar y moverse con soltura, sin hacer el ridículo? Aunque Cenobia no era hermosa en ese momento lo parecía. Aquellas ropas le devolvían una dignidad —sepultada por siglos— que sabía mantener sin ostentación, y que hizo sonreír de complacencia a las Rebollar.

—Ése será para la cena —indicó Lucía—, tienes otro para la comida...

Por cable, André comunicó que llegarían el día 25, por lo que Constanza y Eusebio saldrían el 27 —con ellos—, pasarían la noche en Taxco y al día siguiente continuarían la marcha. Juan —que detestaba la interminable y calurosa carretera— viajaría por avión con Ric y los Medina, el 26, que sería el mismo día en que Lucía llegaría con los chicos y Cenobia, manejaría *el Barbaján*. Juanito (ya no admitía que lo llamaran así) iría por autobús con un par de amigos. Benjamín, en la combi, saldría en el amanecer del 30 y llevaría consigo una parte de la comida del banquete. Juan había hecho, detalladamente, el itinerario de todos como si se tratase de una excursión más que organizaba para la TMC.

XX

Un fino sombrero de Jipijapa cubría los ya escasos cabellos de Daniel Soto que apoyado en el bastón se detuvo en el límite de la sombra, como si necesitara pensar dos veces antes de decidirse a caminar esa media cuadra de sol que le amenazaba con el agobio de su peso para llegar a donde Norberto tenía estacionado el coche. Su acompañante, el doctor Enrique Calderón, interrumpió también la marcha, y sus pensamientos, con cierta sorpresa por la detención y alzó los ojos para ver el rostro de su amigo, exclamó: —¿Sonríe usted?

—Mi querido Enrique —respondió Soto aspirando una ligera brisa—, ¿cree usted acaso que a los ochenta años hay malas noticias? De algo sirven los setenta y nueve transcurridos... —su sonrisa se amplió—. Y, en suma, no mal transcurridos, ¿eh? Conque... ¡estamos de acuerdo en todo! No se olvide que la semana próxima es mi fiesta, y tanto usted como su esposa son invitados especiales... si alguna de sus hijas está aquí, la trae por favor. Ese día nada de pacientes, será comida y cena... ¡Toda una celebración, sí señor!

—¡Descuide, no faltaremos!

Abordó el coche y Norberto enfiló hacia el sur mientras le informaba de las compras que había hecho. *Dondán* aprobaba con asentimientos de cabeza y una que otra palabra. En *Las Estaciones*, las últimas semanas habían sido de intensa actividad; se había cambiado toda la instalación eléctrica, pintado la casa por fuera y por dentro, e incluso ayer habían quedado colocadas las esculturas de las cuatro fuentes del jardín del frente, con lo que ahora sí se justificaba el nombre de la propiedad. ¡Ah, qué Cenobia! ¡Qué jaleo había armado! Sin embargo no podía negar que lo invadía la satisfacción por ese próximo suceso que de trivial había pasado a trascendental: su cumpleaños. ¿Quién hubiera podido imaginarlo? Ni siquiera recordaba que se lo había comentado a Cenobia y le hizo reír aquella primera línea sobre el asunto: "le voy a contar al señor Juan para que le haga una fiesta." Unos días después la carta de Cenobia sólo versaba sobre ese tema. Y así, semana tras semana, hasta sentirse nervioso de tanta felicidad, y muy atareado con las continuas órdenes de don Eusebio con respecto a las reparaciones que llegarían a su fin el próximo viernes; el sábado y el domingo los dedicaría a lavar pisos y colocar los objetos de arte de nuevo en sus sitios. En los jardines ya todo estaba listo, aunque —personalmente— él prefería las fuentes sin aquellas "cosas" metálicas que sin duda importaban mucho a don Eusebio pues había recomendado especial atención a su trato cual si fueran objetos delicados y muy valiosos. Por primera vez —después de muchos años— tendrían casa llena, y a partir del 26 tres mujeres más vendrían a ayudar en las labores de la casa: una recamarera, dos ayudantas de cocina. El *niño* Juan le había llamado por teléfono varias veces indicándole en qué forma se distribuirían las recámaras. Las dos de la planta baja serían destinadas para el joven Juan y sus amigos; en la alta, la familia en sus cuartos de costumbre, y el doctor Medina y su esposa, y el señor *Barbaján*... Él recibiría a Benjamín quien ya le había escrito una carta agradeciendo tal deferencia... De modo que la señorita Rebeca ya tenía una hija, ¿cómo se llamará?

En realidad solamente le intrigaba un hecho: la conducta del *niño* Juan. Las visitas de los últimos años no habían dado pie a que se suscitara ningún problema, su comportamiento había sido... pacífico. Pero esa pasividad —él lo *sentía*— era forzada, autoimpuesta. Y los temores se habían recrudecido con las llamadas telefónicas. Si el *niño* hablaba por la mañana, su voz se oía clara y alegre, si lo hacía por las tardes resultaba difícil entenderle. Aunque sin duda aquello podía ser efecto de su propio oído (le molestaba comprobar que su sordera avanzaba), la ocasión de las dos llamadas probaba que se trataba de algo distinto. Ya anochecía cuando sonó el teléfono y el *niño* le pidió que anotara en qué orden quedarían las alcobas. *Dondán* intentó decirle que esas indicaciones *ya* se las había dado por la mañana, pero seguramente no se expresó bien pues Juan no alcanzó a entenderlo: tomó el recado otra vez. Se despidieron. Colgó el teléfono. Lleno de incertidumbre, y ahora por algo más

que un presentimiento de que el estado del *niño* no era bueno, permaneció en la sala. La puesta de sol se volvió triste. Lo agobiaba la penumbra. De repente sonó el teléfono otra vez y la telefonista le indicó que le iban a hablar de México, pensó que ahora sería don Eusebio con algún nuevo encargo. Un frío azoro lo invadió al escuchar la voz de Juan y su indicación de que tomara papel y lápiz a fin de anotar lo que iba a dictarle sobre la distribución de las alcobas. Fue necesario gritarle para que por fin comprendiera Juan que ya le había dicho eso, que lo *acababa* de decir, que... Juan pidió disculpas. Y luego su voz clara y alegre, restando importancia al incidente:
—Perdón, *Dondán*, ¡no vayas a creer que estoy loco! ¡Tengo tanto trabajo!

No pudo olvidar lo ocurrido en los días subsecuentes y a la preocupación se unieron aquellos viejos achaques que periódicamente lo acosaban, por lo que acudió al doctor Calderón para que le recetara algo.

En el aeropuerto el primero que corrió a abrazarlo y besarlo fue Ric. ¡Qué largo estaba! ¡Y doña Marina y Gabriel, qué bien se veían! Y... ¡sí, el *niño* estaba bien! Sus ojos buscaron con ansiedad alguna señal de estrago en su rostro, no había ninguna huella, y muy pocas canas, lo que hizo que sus aprensiones volaran.

Antes de una hora renacieron.

En lo que se instalaban *Dondán* fue a su cuarto pues no había anotado unos gastos del día anterior y si no lo hacía ahora mismo corría el riesgo de olvidarlos. Sacó su libreta e hizo los cargos debidos y ratificó algunas sumas. Guardó sus papeles y oyó que alguien ya estaba abajo. Se asomó por la ventana y vio al *niño*, en bikini, listo para disfrutar el sol y la alberca. ¡Qué rápido!, ya tenía un whisky en la mano. Lo tomó de un tirón. Luego, se quitó el calzón de baño. Preocupado, *Dondán* salió a hacerle ver la inconveniencia que cometía.

—*Niño* —reprochó casi en voz baja, a su lado—, recuerde que está doña Marina...

Juan lo miró como si no lo entendiera. Más grave: como si no lo conociera...

—¿Qué...? —inquirió esquivo.

—¡Póngase el traje! Doña Marina bajará en un momento.

113

—¡Ah! —exclamó Juan como si acabara de descubrir un misterio y soltó a reír mientras corría a ponerse la prenda.

De hecho no había sucedido cosa alguna. Todo mundo tiene distracciones, y, además, la costumbre de siempre... Esa mirada lo angustió un buen rato.

Dos días más tarde revisaba con don Eusebio las estatuas y recibía felicitaciones por todo lo que había hecho, aunque él reiteraba que el único que trabajaba ahora era Norberto y por lo tanto quien merecía los elogios. La niña Nelly —cada vez más parecida a su padre—, lo mimaba más que de costumbre e insistió en ir con él a invitar a todas sus amistades, formalmente. Por su parte, Cenobia casi no le permitía moverse, quería hacer todo por él. Los Michurin lo llenaron de obsequios (la pequeña se llamaba Enriqueta) aunque con la aclaración de que ninguno de ellos correspondía al regalo de cumpleaños... La víspera de la celebración, en la noche, *el Barbaján* le dijo:

—*Dondán*, mi regalo será la música, va usted a tener ruido todo el santo día, ya contraté mariachis, jaraneros... ¡y un conjunto de rock!

—Pues yo —bromeó Gabriel—, le ofrezco que la primera operación que tengan que hacerle será gratis, ¡ése será mi regalo!

—¡Qué mal chiste, Gabriel! —objetó Marina—. No le haga caso, don Daniel, le hemos traído una botella de coñac más viejo que usted.

—Era de mi padre —dijo Gabriel—, y juré que lo guardaría hasta que hubiera algún acontecimiento muy especial.

—Es tu premio por haberme enseñado a beber... ¿Saben ustedes que él fue quien...

—¡Vamos, Juan! —interrumpió Eusebio—. Tú naciste sabiendo, eso lo decía mi abuelo.

—Es cierto, viejito —asintió Juan palmeando el hombro de *Dondán*—, mi dipsomanía es prenatal. Mi respeto a *las tradiciones* es... acendrado.

La voz de Lucía, suave y dulce, se escuchó: "*Éstas son las Mañanitas que cantaba el Rey David...*"

Y todos se unieron a ella en coro. Los jóvenes, que aún estaban en la alberca nadando, corrieron empapados a unirse al grupo. La fiesta había empezado...

A las siete de la mañana, un numeroso conjunto de mariachis entonó la misma canción. Desde ese momento la felicidad reinó en el corazón de Daniel Soto, y a lo largo del día, con distintos grupos, repitió que no solamente festejaba el ser octogenario sino también los treinta años de vivir en el trópico, y los cincuenta y cinco de trabajar con la familia Rebollar. Qué lejos, y al mismo tiempo qué unido parecía su pasado, todo aquello que había significado algo en su vida. Su imprecisa infancia y su —ahora muy nítida— juventud, se enlazaban en un largo, largo, día. El desayuno terminó poco después de las diez y en un momento de respiro fue con Ricardo y Nelly —y Cenobia, claro—, a contemplar y repasar sus regalos: los Michurin le habían dado un bastón antiguo de ébano con incrustaciones de plata —¡una joya!— que iba a usar desde ese mismo instante. A medio día abriría una botella de manzanilla —¡una sola!— y por la noche el coñac de los Medina. Constanza le había regalado un reloj, ¡carísimo! Tú lo heredarás —le dijo a Ricardo. Nelly le había llevado pantuflas y una bata. Y, sin ponerse de acuerdo, Eusebio y Juan le habían regalado sendas pipas. ¡Y él que creía que desconocían su secreto! ¿Cuándo lo habrían visto? ¡Y qué bonitas! ¿Cuál estrenaría primero? Ricardo preguntaba a cada rato: ¿De veras te gusta ese tabaco? (lo que él le había regalado). ¡Claro, debía ser exquisito puesto que tenía un aroma espléndido! Una criada interrumpió para avisar que había llegado el señor Benjamín. Cenobia y él fueron a recibirlo. Estaba de traje oscuro y corbata, y sudaba a mares. Cenobia se carcajeó y lo embromó por su indumentaria. Daniel, más discreto, lo llevó a su habitación y le recomendó que se cambiara cuanto antes por algo más cómodo. Recibió el regalo que le llevaba: una corbata.

Recién bañado, y con ropa blanca, Benjamín solicitó sus instrucciones: quería saber dónde estaban las cosas y qué indicaciones para atender a los invitados. Daniel le comunicó que no tendría trabajo: dos turnos de meseros estaban contratados y *don* Benjamín era *su* invitado.

XXI

A LA una en punto, el primero en llegar fue el ex inspector de policía, Efraín Fuentes, con dos de sus hijos, quien desde el remoto caso de la señora Chapman, cuando Daniel le pidió que conservara en secreto el asunto para no molestar a don Luis Mario, se convirtió en su amigo y fue quien lo introdujo a un círculo de amistades al que con el tiempo se le denominó "Los jubilados", pues casi todos eran ex algo; su lugar de tertulia no tenía sitio fijo puesto que acostumbraban tomar por sede temporal el bar más nuevo del más reciente hotel. Había épocas en que los cambios de tertulia tenían lugar hasta dos veces por semana dada la inauguración constante de hoteles. La amistad entre ellos se hizo estrecha y cada ocho días comían juntos, por lo general en domingo.

El segundo en presentarse fue don Emiliano Cruz, ex gerente de uno de los principales bancos de la ciudad y quien, en otros años, había guiado a Soto en sus inversiones bancarias con bastante tino; lo acompañaban la esposa, la hija y dos nietos. Aún no terminaban las presentaciones cuando llegaron el ex director de Correos también con su familia, un ex alcalde y un ex director de la Preparatoria, con sus respectivas parentelas. Este último era su constante adversario en dominó y se daban cita, casi diariamente, "para jugar un partido", que, según lo enconado de la contienda, se convertía en tres o cinco juegos.

Nelly a su vez —y con gran orgullo— les indicaba a Constanza y a su madre quiénes acababan de entrar, y en voz más baja lo que recordaba de ellos. A muchos no los recordó, o no los conocía, y pronto el barullo de los jaraneros fue tan fuerte que desistió de su tarea, además, habían venido muchos jóvenes de su edad...

En el jardín del frente se había levantado una carpa de vivos colores, descubierta en sus costados, para proteger a las visitas del tremendo sol. Allí mismo se había colocado una gran mesa, en forma de T, con sesenta lugares —guiadas por los cálculos de Nelly— que empezaban a parecer insuficientes, pero Constanza decidió que en las mesas próximas a la piscina y la del comedor podía caber casi otro tanto, y, en cuanto a comida, sobraría de cualquier modo. Eusebio, Gabriel, el Barbaján y Juan atendían a los invitados, y más tarde, en un momento en que estuvieron juntos y solos los cuatro, comentaron sorprendidos que todos los visitantes resultaban interesantes y gratos. Eusebio concluyó:

—No debería sorprendernos. Son sus amigos, y él es una persona excepcional.

Gabriel descubrió que Calderón estaba al día en medicina, tanto como él, y más en algunos campos; había otros dos galenos y ninguno de ellos pertenecía realmente a "Los jubilados", resultaban nieto e hijo de miembros del grupo. Por su parte, las señoras también estaban sorprendidas al saber que aquellas personas no sólo conocían sus nombres, sino sus gustos, sus peculiaridades, y muchas anécdotas sobre la familia Rebollar.

La música fue continua, apenas cesaban los mariachis empezaban los jaraneros. Se reunieron ochenta comensales y los jóvenes ocuparon las mesas que rodeaban la alberca. A las tres en punto se sirvió la comida, y el menú era: coctel de uvas y melón, ravioles en salsa de alcaparras, galantina, ensalada de corazones de pollo y alcachofas, queso relleno a la yucateca, y de postre cerezas traídas de París por Rebeca. Para empezar vino rosado de Italia, después tinto español. El centro de la T lo ocupó don Daniel, a sus lados Lucía y Constanza seguidas del comandante Fuentes y el señor Cruz. Marina presidía la cabecera inferior, y los cuatro varones estaban repartidos, por parejas, en los costados. Para hablar más a gusto se ordenó que los conjuntos musicales se fueran hacia el jardín que ocupaba la juventud.

A Daniel Soto la memoria, en vaivenes, lo llevaba a distintas etapas de su vida en las que casi siempre aparecía don Luis Enrique, quien a pesar de sus treinta años de ausencia lo acompañaba a veces con mayor fuerza que aquellos con los que hablaba y reía. Ahora, los vapores del vino le hacían pensar —como el niño Juan—, que don Luis Mario se había esfumado, sin que nadie se percatara de ello, para dejar paso otra vez al espíritu de su progenitor, pues día a día se pareció más a él. Con una precisión —que ya rara vez le daban sus oídos— escuchó a su *niño*:

—Eusebio y yo, antes de casarnos, hicimos una investigación secreta sobre el índice de longevidad femenina en las familias de nuestras esposas pues no queríamos, por ningún motivo, quedar solteros pronto. Mi abuelo y mi padre enviudaron tan rápido, que ambos tuvieron psicología de solterones, y contagiaron a *Dondán*...

La esposa del ex gerente, con ojos asombrados, inquirió:

—Pero, ¿de veras hicieron la investigación?

Eusebio soltó a reír, pero Juan, muy serio, prosiguió:

—¡Naturalmente! Y según esas estadísticas mi cuñada Constanza no fallecerá antes de los ochenta, y Lucía —mi esposa— alcanzará los noventa y dos. Si no nos cumplen... ¡Morirán!

La risa fue unánime y cuando se apagó, don Emiliano alzó la voz suplicante:

—Por favor, explíquele a mi esposa que está usted bromeando, porque, si no, lo va a repetir a todo el mundo como un hecho verídico y luego querrá averiguar dónde hacen ese tipo de investigaciones.

—¡Por Dios, Emiliano! —protestó ella—. ¿Cómo puedes creer que el señor bromea con un asunto tan serio?

Esta vez la risa fue estruendosa y Juan, comedido, se acercó a ella para explicarle, aunque la mujer no quedó muy convencida con la verdad. Cerca de las seis de la tarde se desplazaron a la sala y el mirador. Media hora después el conjunto de rock inició su audición entre los gritos y aplausos de los jóvenes. *Dondán* aprovechó una escapada para brindar, en su salita, en unión de Cenobia, Benjamín y Norberto, con la manzanilla.

Entre las seis y media y las ocho hubo una desbandada de adultos que fueron a sus hogares a cambiar de ropas; algunos señores permanecieron con *Dondán* y los Rebollar. Tomaron asiento en una mesa del jardín posterior, desde donde podían contemplar a los jóvenes que bailaban enardecidos por el rock. Casi todos estaban en traje de baño, y era muy grato ver aquel conjunto de figuras esbeltas llenas de gracia y salud. Daniel, observando a Juan joven que gritaba y brincaba pleno de vida, se alegró de verlo tan sano, tan simple en su diversión, ¡tan, pero tan distinto a su padre! Parecía más monstruoso, ahora, el asunto

Chapman. ¡Pensar *hoy* en esas cosas! —se reprochó—. ¡No señor! Qué linda se volvía Nelly nimbada de adolescencia. Don Efraín y él intercambiaron comentarios esporádicos y soñolientos. Ricardo se le acercó, y volvió a preguntar:

—¿De veras te gusta *mucho* el tabaco que te di?

—De veras, Ric, muy de veras...

—¿Es el mejor regalo que tuviste?

—Sí, porque es *tu* regalo.

Se alejó a la carrera. Riéndose levantó su coñac y brindó con don Efraín.

A las siete y media se retiró, discretamente, para darse un baño y acicalarse con otras ropas. Estrenó un pantalón de lino blanco, y la guayabera de seda. Se sentía muy fresco y no sufría el menor cansancio. Su felicidad era tanta que ni el escándalo del rock lo perturbaba.

En la sala se encontró con los médicos: Gabriel y Enrique. Se acercó a ellos. Gabriel se aproximó a él para hablarle en intimidad.

—Ya me contó el doctor Calderón...

La sorpresa contrarió a Daniel Soto. Calderón aclaró:

—Lo hice con un colega, bajo secreto profesional. El doctor Medina está en México, y usted tendrá que irse para allá, es mejor que yo lo entere.

—No hoy, por favor —respondió de nuevo afable—, hoy no existen las calamidades.

Eusebio y Juan, muy atildados, bajaban la escalera, unos pasos atrás venía el capitán Zermeño, también impecable, con una especie de uniforme de aviador, de tela ligera. Tras ellos, Marina y las señoras Rebollar, elegantes y hermosas las tres. Se quedaron todos allí, charlando con los primeros invitados que regresaban también con sus mejores galas. En ese momento apareció Nelly en la cúspide de la escalera y todos quedaron en silencio, contemplándola. El vestido largo la hacía mujer, dueña de un encanto prematuro. Con precoz coquetería se había pintado levemente los labios, pero el pelo, largo y muy negro, caía al natural y se advertía que minutos antes estaba en la alberca. Juan la contempló con azoro, como si le anunciara un no lejano vuelo con el que no deseaba enfrentarse. Los elogios la hicieron reír y que sus mejillas se colorearan.

—¡Es una milpa joven! —dijo Cenobia, arrobada.

Un destello de felicidad había iluminado a todos, menos

a Juan. La música se inició de nuevo; sorprendido, *Dondán* escuchó violines.

—¡Cómo! —exclamó dirigiéndose al *Barbaján*—. ¡Usted no habló de violines!

—¡Sorpresa!... Algo más de acuerdo con su edad.

Y la fiesta se reanudó con más esplendor y frescura. La cena —coctel de langosta, chilpachole de jaibas, huachinango al chilpotle, ensalada de abulón, y de postre un yemate, hecho bajo todas las reglas de la antigua cocina mexicana— fue deliciosa, y Lucía muy felicitada por ella.

Bailaron y brindaron hasta las dos de la mañana y casi al mismo tiempo todos los invitados desaparecieron. A solas el grupo, *Dondán* anunció que iría a traer la botella de coñac de los Medina, pues tenían que hacer un rito de esa libación.

Al regresar la luna estaba ya en todo su esplendor y saturaba de destellos extraños el jardín, como... aquella otra noche. Hubo un instante de silencio semejante también a esa ocasión. Alguien se clavó en la alberca y el chapoteo de las brazadas destruyó el hechizo. Las manos de Daniel temblaban cuando quiso servir las copas y Eusebio tomó la botella para hacerlo. Juan salió de la piscina y caminó hacia ellos. Con esa mirada extraña de días atrás, escrutando a su alrededor, le preguntó:

—*Dondán*, ¿quién quitó el plano inclinado?

XXII

DANIEL SOTO retornó a la capital a los treinta años de su viaje al trópico. Fue Juan desde luego quien ganó el privilegio de tenerlo en casa no sin cierta decepción por parte de Eusebio, pero la equitatividad de éste siempre prevaleció en sus decisiones y comprendió que aunque él podía ofrecerle mayor tranquilidad a *Dondán*, él estaría más feliz junto a Juan. Por otro lado, tal vez la presencia del viejo hiciera que la conducta de su hermano mejorara, pues, en su hogar, hacía tiempo que Juan había dejado de ser una persona amable. Lo deseaba —fervientemente— por su cuñada en quien empezaban a hacerse notables algunos estados de irritabilidad (bastante justificados), aunque por lo general los superaba con gran espíritu.

Regresaron en un agosto muy lluvioso, lo que propició que no hubiera salidas a la calle y se postergaran las visitas a los médicos, con lo que pudo disfrutar del excelente gusto con que Lucía había colmado su hogar. Desde cualquier lugar en que se sentara podía disfrutar la contemplación de algún hermoso objeto.

—Uno ve —le dijo el viejo a ella—, que usted ha reunido cada cosa con amor.

—Y paciencia —agregó Juan burlón.

—Qué bueno que la tiene; de no ser así, usted, *niño*, sufriría... lo que se merece.

—Así que debo sufrir, ¿yo?... Se ve que no soy ya tu favorito.

Antes de responder Daniel Soto meditó, y finalmente dijo:

—A la fecha quiero más a la señora Lucía... ¡Por quererlo tanto a usted!

Lucía besó su frente y se hincó en la alfombra junto a él.

—¿Por qué lo queremos tanto? —inquirió.

—El corazón, Lucía —dijo con vehemencia—, no hay otra respuesta: el corazón. Lo que, como todo el mundo sabe, es una insensatez.

—¡De modo que hasta insensato resulta quererme!

Y contempló con fingido enojo el aguacero que se abatía sobre el jardín, que de improviso se trocó en granizada. Recónditas raíces infantiles le hicieron abstraerse en ella, y la remembranza lo condujo de sus propias experiencias a las de sus hijos, a las de Ric para quien, siempre, cada granizada parecía la primera que había visto en su vida, tal era la emoción que despertaba en él. Algo tan pueril como intenso. Pero Ricardo no estaba en casa, se había ido al cine con Nelly, de modo que no entraría corriendo a buscarlo para solicitar su permiso de salir a recoger granizos. La tarde se ensombrecía rápidamente, se hacía de noche, se anticipaba la justificación de tomar otro trago. Claro que podía ir a la biblioteca y tomarlo allí sin que ellos se enteraran, pero... le molestaba el ocultamiento, puesto que no había nada malo en su acción, en su deseo.

Era la segunda tarde que *Dondán* pasaba en México, y, en cierto modo, marcaría la norma de cómo iban a ser las siguientes. Ayer había habido una prolongada discusión para vencer su resistencia a sentarse a comer con ellos, hasta que, derrotado, el anciano tomó asiento entre Lucía y Nelly. Se le tuvo que convencer de que no estaba como sirviente sino como miembro de la familia; ésa fue la segunda discusión pues la primera había sido originada por la habitación que le escogieron —inmediata a la de Juan joven—, la que calificó de enorme y demasiado lujosa para él, y si aceptó ocuparla fue porque el *niño* dijo: Haz de cuenta que te lo ordena el fantasma de don Luis Enrique. Ante eso ya no pudo objetar. Hoy, después de la comida, cada quien se había retirado a sus habitaciones y una hora más tarde, sin previo acuerdo, habían coincidido los tres en la sala.

Y allí estaban. Quitó la vista de la lluvia y los observó a ellos. No podía ni siquiera fingir enojo pues sentía que la presencia de aquellos dos seres, y la inminente llegada de sus hijos, lo colmaba de felicidad; una dicha sin diques que se iba haciendo intensa —a la par que el granizo— hasta conducir a un segundo término su deseo de beber. La tormenta se abatía *afuera* y mientras él estuviera bajo la protección de techo y paredes ningún mal podría acosarlo. Rara vez se le daba —a él— la gracia de gozar la plenitud de su refugio; cuando menos no con la exactitud con que ahora la percibía —una plenitud creciente que, si no la vetaba, podría llevar lágrimas a sus ojos y conducirlo a un sentimentalismo estúpido. A pasos lentos se retiró hacia el ventanal lateral, el más distante, con el propósito de contemplarlos desde allí y disfrutarlos bajo otra perspectiva. Lucía llevaba un vestido de raso de algodón, color cereza, de amplias mangas y escote en V ribeteado de un encaje que en la unión de los vértices se convertía en corbata; verla, sentirla *suya* resultaba un placer que al mismo tiempo lo saturaba de orgullo, por la belleza de sus rasgos, por la calma que emanaba. Y verla junto al viejo *Dondán* resultaba más grato aún; la hermosa cabeza del anciano parecía iluminada por una luz que emanara de Lucía e hiciera más blancas sus canas. Todo lo bueno que el pasado y el presente habían tenido para él estaba allí, en esa pareja, dentro de una atmósfera llena de tranquilidad, a pesar de la inclemencia de la tormenta. No alcanzaba a escuchar de qué hablaban. Se dejó caer en un sofá y su mano —instintivamente— se extendió hacia la mesita próxima, en busca de un vaso inexistente. Le alegró comprobar con una rápida ojeada que ellos no se habían dado cuenta de su gesto, y luego, sin hacer ruido abandonó la sala y fue, sigiloso, a la biblioteca. La puerta de la cómoda donde guardaba las bebidas no hacía el menor ruido y aunque lo hubiese hecho el estruendo de la tempestad lo habría ahogado. Se sirvió con rapidez, lo tomó de un sorbo; luego, volvió a servirse lento, muy firme, le puso agua, no mucha. Esta vez lo paladeó y una sonrisa de relajamiento lo acompañó. Sabía que *ésta* no le haría ningún daño; que entraba en un nirvana báquico que podría prolongarse por todo el largo atardecer, si lo alimentaba espaciadamente. Tranquilo regresó al mismo lugar, con la seguridad de que ellos no habían advertido su salida. Tuvo, claro está, la precaución de tomar un libro que ahora, al sentarse otra vez en el sofá, abrió y fingió leer, aunque su atención estaba puesta en lo que ellos decían. Pero no escuchó nada que le atañiera.

—¿Qué lees? —preguntó Lucía unos minutos después.

—Es relectura… Tolstoi… Ya conoces mis manías, ahora de vez en cuando —explicó a *Dondán*—, regreso a la *Karenina* o a la *Guerra*.

—De pequeño —dijo Daniel con voz alegre a Lucía— releía veinte veces el mismo cuento, y a veces le gustaba leerme a mí en voz alta, aunque yo no aceptaba que me repitiera la historia.

—Me había olvidado de eso —exclamó Juan con júbilo. Se puso de pie e iba a aproximarse a ellos, pero se contuvo. Si no sabían que acababa de tomar una copa, no había por qué delatarse acercándose. Disfrazó su intención y tomó un cenicero de otra mesa. Volvió a sentarse y agregó—: Sí, y a veces lo hacía solamente por fastidiarte, porque sabía que a ti no te agradaban las relecturas. Algunas veces te obligué a escucharme...

—Usted me obligó a muchas cosas.

—Lo dices con amargura, ¿fue tan grave?

—¡No, niño! ¡Sin amargura! Nunca tuve amargura hacia usted... usted fue siempre un niño bueno. Y como su papá se ponía tan duro... pues... yo tenía que ser blando... Me causó dolores, niño, pero no resentimientos. Usted, señora Lucía, no tiene idea de cómo fue con él don Luis Mario.

—¡Ni se lo imagina! —gritó Juan—. Y es natural, ella lo conoció cuando ya se había convertido en mi abuelo... Lo hubieras visto, al regresar del viaje de bodas se dedicó a mimarla y darle un amor tan grande como sólo don Luis Enrique podía prodigar. ¿Te acuerdas de aquella manía de mi abuelo de pellizcarse el párpado derecho? —el viejo asintió rememorando—. ¡Pues hasta eso se le pegó!

—Entonces aquello... —interrumpió Lucía—, ¿no era un tic propio?

—Acabó por serlo, aunque no le pertenecía. Pero ¡aguarden, aguarden! Estoy dando la impresión de que mi padre se *robó* una personalidad, ¡y no hubo nada de eso!, él simplemente se mudó —¡no sé a dónde!— de su cuerpo, para que mi abuelo tuviera dónde aposentarse puesto que su perecedero armazón ya estaba bajo tierra... Tal vez mi pobre padre anda en busca de un cuerpo dónde morirse, y como no tenemos parientes ni próximos ni lejanos, va a tener que acabar (o quizá ya acabó) dentro de cualquier desconocido, porque lo que es yo no tengo la menor intención de hacerle hueco y Eusebio... pues... Eusebio es la nueva continuidad de don Luis Enrique... Sin lugar a dudas papá fue a dar a una familia ajena, y resultó uno de esos casos en que los dolientes —al referirse al recién fallecido— dicen: "Cambió tanto en los últimos meses, ¡simplemente parecía otra persona!"... y, ¡claro está!, no tuvieron la menor idea de *quién* era esa persona, porque a esas alturas, supongo que uno no se atreve a identificarse con la familia postiza —y las carcajadas lo sacudieron.

Su risa, como de costumbre, se volvía contagiosa. Aunque ellos reían por verlo a él tan alegre, tan tranquilo...

—*Dondán* —suplicó Lucía—, cuénteme cómo fue Juan de chico... Cómo era la primera vez que lo vio...

Dondán se enfrascó en el tema. La tormenta menguaba. Hacía frío.

Juan recordó que esa tarde iba a dar la pauta de las próximas y, realmente, la sala no parecía el lugar más indicado... ¡demasiado grande! En cambio la biblioteca... pequeña, acogedora... Y si sentaba a *Dondán* en el sillón verde, próximo a la chimenea, éste quedaría de espaldas a la cómoda de las bebidas, así que, sin interrumpir una conversación, él podría desplazarse hacia allí, servirse y tomarla (si era necesario) sin que lo notase. Oyó en ese momento a Cenobia que caminaba por el vestíbulo y la llamó.

—Dile a Benjamín que encienda la chimenea de la biblioteca —le ordenó.

—¡Ah, no, señor! —exclamó ella sonriente—. Se la encenderé yo misma... ¡Aquí se siente frío! En un momento los llamo... y también les prepararé un café.

XXIII

Cuatro meses más tarde, en una helada mañana de diciembre, Lucía salió al jardín para caminar un poco y desentumir su cuerpo. *Dondán* dormía. En la última semana la enfermedad había progresado a pasos gigantescos; se trataba de una leucemia aguda que estaba amenazando con dejarlo ciego (según les había explicado Gabriel), ya que por segunda vez, debido a la hipertensión, se había presentado un derrame en el lóbulo occipital. Lejos del sol —y mientras cundía el mal—, tanto el rostro como el cuerpo perdieron su tono bronceado y una intensa palidez lo cubrió a la par que lo invadió la debilidad y se acrecentaron los dolores de huesos y articulaciones. A principios de noviembre, y al saber que la enfermedad no cedería, con voz serena les pidió:

—Sé que es una gran molestia, pero quisiera que ustedes me permitieran morir aquí, en la casa, no quiero ir a un sanatorio.

—¡Nadie ha pensado en eso! —interrumpió Juan con la misma voz—. Ésta es tu casa y se hará lo que tú desees.

—¿Supone usted, acaso, que yo le permitiría irse? —inquirió dulcemente Lucía.

—Ya veo que no. ¡Siempre lo supe! Si tuviera un hijo y una nuera no me tratarían mejor —y sonrió como si acabaran de concertar un paseo.

Decidieron que una enfermera lo cuidara por la noche, Lucía dijo que ella lo haría por la mañana, y Juan que él pasaría toda la tarde a su lado. Sus peores horas transcurrían de noche y le impedían dormir por lo que, con frecuencia, caía durante la mañana un par de veces en un sueño profundo; el descanso lo reponía y, como consecuencia de ello, hacía que las tardes junto a Juan fueran el lapso más amable y tranquilo de que disfrutaba. El *niño* le leía en voz alta novelas de Dickens, de James y de Green, o, según el humor, pasaban a Nicolas Blake, Wallace o Simenon.

El jardín languidecía, habían caído varias heladas que

entristecieron el alma de Benjamín. El intenso frío activó la circulación del cuerpo de Lucía, su rostro enrojeció antes de decir en voz alta:

—Si permaneciera así, indefinidamente...

A continuación, y con acritud, se reprochó su deseo. ¡Qué injusta! ¡Qué egoísta! ¡Qué malvada! ¿Cómo se atrevía a desear que el pobre hombre siguiera en sufrimiento? Pero —¡Oh, Dios!— la enfermedad había sido tan... ¡depurativa!... para Juan. Por ningún motivo pensaba que la agonía del viejo le impedía beber, mas sí atenuaba la necesidad de hacerlo, y sobre todo: no *cambiaba* tanto de una copa a otra. En la mente de su marido, desde hacía varios meses, estaba en primer término la felicidad de *Dondán*, y eso le había permitido a ella, y a sus hijos, gozar nuevamente de una casi olvidada paz.

A veces Lucía se sentía incapaz de aguantar más aquello de que su marido dejara de ser *él*, de un momento a otro. Ahora podía transcurrir hasta una semana completa sin alteraciones, y por lo mismo sus nervios se habían relajado y no tenía que vivir a la eterna expectativa. Juan estaba de nuevo amable y alegre a través de todo el día y no solamente por instantes. El más beneficiado con el cambio fue desde luego Ric quien pasaba entre sus brazos muchos ratos. El niño lo contemplaba con fijeza y ternura y gustaba de acariciarle el rostro, como si necesitara comprobar con el tacto que estaba allí, al alcance no sólo de sus manos sino de su corazón. Él también escuchaba las lecturas, y muchas veces las interrumpía con preguntas si no entendía algo. Prefería las historias de Dickens, aunque a veces lo entristecieran. En ocasiones Ricardo llevaba su propia biblioteca al cuarto del enfermo y les leía un cuento.

Nelly en cambio, maniqueísta como su abuelo materno, no alcanzaba la felicidad con ese remedo de alivio de su padre. Ella le exigía (mudamente por supuesto) una cura total, y al no verla se replegaba en sí misma y sufría más que los otros. Empezaba a sentir (Lucía lo adivinó) miedo hacia su padre y no podía acercársele sin vencer antes un estremecimiento de rechazo al ver su mirada perdida, reflejo de una mente perturbada... casi. Tampoco soportaba su aliento y si él la abrazaba procuraba escapar de sus brazos lo más pronto posible, sin llegar a herirlo, pues, como la madre, no dejaba de amarlo. Nelly partía a la escuela diariamente antes de que él se levantara de modo que no tenía oportunidad de verlo en sus cinco sentidos más que cada dos o tres semanas. Ella no gozaba de esa esperanza ratificada día tras día cuando, al bajar a desayunar, Juan se veía fresco, alegre y joven, ¡tanto, que las ilusiones de Lucía revivían a diario! Durante el último año a Nelly se le hacía difícil pasar los fines de semana al lado de sus padres y aceptaba cuanta invitación recibía para ir a las casas de campo de sus amigas, donde, ojos que no ven, se borraba su tristeza.

Lucía no alcanzaba a dilucidar si la situación también perturbaba a Juan-joven (todos habían optado por llamarlo así), pues su impasibilidad había sido tan grande, desde niño, que ignoraba si bajo esa calma se emboscaba el sufrimiento; de ser así, lo disfrazaba muy bien y jamás daba muestras de irritación o cambios de ánimo. Se volvía, eso sí, más taciturno cada vez. Pronto se apartó de las fiestas y de sus compañeros. Deseaba irse a estudiar al extranjero; el año próximo terminaría la Preparatoria y se inclinaba por el estudio de las matemáticas.

"Sí —se dijo Lucía mientras cortaba un capullo de rosa blanca para llevárselo al anciano—, Nelly es como papá: disyuntiva, terminante, nunca medias tintas. Papá, si pudiera ver cómo es Juan actualmente, me recomendaría el divorcio... o, al ver cuánto lo amo propondría una separación temporal. Lo llamaría: ¡Un escarmiento! Papá era de los que creían en los castigos..."

Ella había heredado más de su madre; esa doña Josefina perennemente pacifista, incapaz de criticar o emitir un juicio condenatorio. Lucía sabía que, hasta cierto punto, no eran sus padres quienes la habían formado sino su marido, y éste la había hecho de acuerdo a su gusto y necesidades. Lucía, hasta el matrimonio, no había pasado de ser un bello objeto al que se le rendía amor. No recordaba una reprimenda, un mal trato. "Nunca diste lugar a ello", decía su madre. A pesar de tanta admiración, la vanidad no se albergaba en ella y cuando se enamoró de Juan lo hizo en silencio y dispuesta a no comentarlo nunca con Constanza (ella se lo presentó), pues de antemano consideraba aquel amor una batalla perdida; el día que lo conoció, Juan, tan apuesto, tan exuberante y alegre reparó en su presencia unos segundos y no volvió a mirarla. Ella tenía catorce años y desde la infancia fue amiga de Constanza, pues las familias Rincón y Salinas habían estado unidas por sólidos lazos de amistad durante varias generaciones. La intimidad que la ligaba a Constanza se había interrumpido en los cuatro años que ésta había pasado en Nueva York estudiando arte, y a su regreso pareció que los dos años de edad que las separaban se hubiesen convertido en veinte, pues Constanza tenía ya un mundo distinto y se iba a casar muy pronto. El estudio del arte universal condujo a Constanza, con verdadera pasión, al arte prehispánico, y a través de ese campo se encontró con Eusebio, y, por consecuencia, ella con Juan. Un día Constanza fue invitada a una subasta de piezas arqueológicas, en una casa particular. Por aquellos años era una gran novedad encontrar una Carita Sonriente, y cuando apareció una de esas piezas, palideció y se prometió a sí misma que la adquiriría costara lo que costara. Sin embargo, los pujadores eran muchos y parecían tan dispuestos como ella a conseguir la pieza. Por lo tanto, ofreció una cantidad exorbitante para terminar la guerra de nervios. Otro pujador la sobrepasó. A partir de ese momento la pujanza quedó entre Eusebio y ella, y ganó el primero. Sonriente se le acercó después de su triunfo y le preguntó: "¿Le gustaba mucho la pieza?" Asintió, y él agregó: "Pues, si llegamos a casarnos será suya." A Constanza le encantaba bromear sobre ese asunto y acostumbraba decir: Como comprenderán, sólo por la pieza me casé con él. Después de la boda de Constanza, vio a Juan una que otra vez, en reuniones o cenas. Varias veces bailaron juntos y a pesar de que ambos disfrutaban con la mutua compañía, él jamás la invitó a salir a solas. Por eso fue una increíble sorpresa que seis años después de haberlo conocido la llamara un día Constanza —de parte de Juan— para invitarla a cenar. Nada más seremos cuatro, contigo y mi cuñado, ¡ah, de paso! Creo necesario informarte que quiere casarse contigo, por eso me pidió que te invitara. Al primer momento no lo creyó, pero antes de colgar el teléfono ya estaba segura de que era cierto y que ella había esperado ese momento sin perder jamás las esperanzas. Ningún vestido le pareció satisfactorio para la ocasión, tomó el coche y fue rápido a buscar "algo digno". Antes de medio año se casaron. Un día, en Siena, le preguntó: ¿Por qué me elegiste? Y Juan, muy serio, respondió: Porque fuiste la única que no me persiguió, a pesar de que nos gustamos desde el primer momento. Y algo más: porque tú eres... ¡para siempre!... ¡Ah, si él no hubiera dicho eso!... Desde ese instante lo adoró.

Hasta la fecha se amaban, a pesar de que a ratos ella se sentía impelida a romper la relación. Soportaba las infidelidades, detestaba las ausencias, y éstas se repetían con mayor frecuencia cada año. Por eso ahora había cometido el desatino de desear que la enfermedad de *Dondán* no terminara nunca.

Buscó con la mirada otra rosa en buen estado sin hallarla. Decidió regresar por la cocina para tomar un florero y encaminó sus pasos hacia allá. Cenobia le abrió la puerta cuando se acercaba. Sonrió al ver sus manos: ya tenía listo el florero. Iba a subir la escalera cuando sonó el timbre de la calle.

—Espérese, seño, es el doctor Medina.

XXIV

Vivir en tinieblas dejó de ser angustioso al segundo o tercer día. Sintió que estaba a solas con Gabriel y le preguntó: ¿Volveré a ver? No, don Daniel, ya no. Automáticamente, respondió: Gracias. Gabriel le puso el termómetro en la boca y continuó auscultándolo. Soto intentó, una vez más, reproducir mentalmente el último paisaje que había visto con nitidez. Estaba, de pie, en la biblioteca contemplando desde la ventana el añoso fresno recién poblado de follaje. En dos semanas no había abandonado el lecho y recordaba que la vez anterior que estuvo frente a sus ojos el árbol estaba desnudo; un esqueleto invernal que le recordaba los paisajes de Zacatecas... algo de su infancia; un espacio muy amplio barrido por vientos severos, con un solitario árbol, semejante a éste. El recuerdo infantil se desvanecía, no iba más lejos y frente a él llamaba su atención la ferviente y prematura primavera expresada en el colorido de los geranios que escalaban las paredes salpicando de manchas rojas, blancas, y otro más —escaso— de flores lilas con centro violeta, mientras que a ras de tierra los alcatraces elevaban su blancura como ofrenda al cielo, al lado de unos margaritones centrados de oro. Valía la pena haber bajado, aunque ahora sus piernas temblaran llenas de debilidad, con un extraño dolor que, como mordida, se aferraba a las pantorrillas. A sus espaldas sonó la voz de Juan: Esto merece un premio por haber logrado la proeza de no dejarte caer en el camino: ¿No se te antoja un jerez, o un vino de Málaga? No, niño, no, y usted no debería tomar más. Fijó los ojos en la hiedra y ésta empezó a tornarse imprecisa, a convertirse en una mancha verduzca. Pensó en un mareo. Parecía que se acercaba un dolor. Tuvo miedo. Niño —titubeó—, se me está borrando la vista. Juan corrió a su lado, sintió —¡sin verlo!— su proximidad, su calor. ¿Te acerco el sillón? ¿Prefieres que te suba? Juan volvió a cargarlo y sin tropiezos ni temblores lo llevó en medio de la oscuridad. Ascendía a un mundo negro-grisáceo, amorfo. Una angustia

131

horrible le atenazó la garganta, cuando su cuerpo descendió sobre la cama; como si el descenso fuera a ser más profundo... hacia una cripta. Se llenó de miedo y las voces que le llegaban sonaban confusas y estruendosas, además, algo le dolía muy intensamente y no sabía expresarlo. Sintió la suavidad de las manos de Lucía en su rostro, y los besos de Ric sobre su mano. Gruesos lagrimones le escurrieron y un gran sueño se apoderó de él.

El tiempo extravió su consabida regularidad y poco a poco dejó de saber si algo que recordaba de pronto había sucedido en el transcurso de este día, o ayer. A veces les pedía que hicieran ruido, que hablaran. Las voces lo hacían sentirse vivo pues, tal vez por la debilidad, todos los sonidos se iban atenuando. De algunos sueños profundos regresaba repuesto y tranquilo e incluso con el deseo de sorber un poco de sopa. Oyó a Cenobia y le pidió caldo de pollo con arroz, y por mucho rato estuvo anticipando el deleite que le iba a dar tomarlo. También apetecía tomar naranjada... Luego, venían los dolores que ignoraba si duraban horas y horas o se pasaban como una ráfaga. Se reprochaba no poder recordar cómo iba vestido el *niño* Juan el último día que tuvo vista... ¡Si hubiera sabido!... Lo movían, lo inyectaban, lo hacían tragar medicinas. Nada tenía importancia.

Sabía que estaba Juan a su lado y le preguntó:

—¿Es de tarde?

—Sí... Las cinco.

—Entonces léame algo...

En breves palabras Juan le explicaba en qué se habían quedado, qué había sucedido con los personajes, ¿recordaba? *Dondán* recordaba y se iniciaba la lectura, la cual resultaba un gran consuelo porque de pronto no existía la necesidad de *ver* su alrededor ya que con la lenta y matizada voz de Juan él veía con suma claridad las escenas del mundo dickensiano minuciosas hasta la saciedad; y, además, el autor lo metía con destreza en los sinsabores de sus héroes, en el paisaje externo e interno de la novela. Una gran calma venía a él y no existía más la necesidad de adivinar a qué correspondía el ruido aquel que de pronto había surgido, de quién serían las pisadas que se acercaban.

En la ceguera el mundo se volvía sospechoso; entre-

132

gado a escuchar la lectura no existían incógnitas. Con frecuencia el *niño* interrumpía para preguntar:

—¿No te cansas?

—No... Siga, siga...

La historia se le escapaba a ratos; pues sin quererlo su imaginación se iba, muy ajena a lo que escuchaba, cuando regresaba y tomaba de nuevo el hilo de la narración gozaba el descanso de saberse conducido.

Pidió la pipa y le costó mucho trabajo encenderla, le dio varias fumadas sin encontrar el placer que esperaba.

Otro día dijo:

—Creo que a estas alturas un coñac no puede hacerme ningún mal.

—¡Ninguno! —exclamó una voz jubilosa, que le hizo disfrutar, como si la viera, la amplia sonrisa del *niño*—. Corro a traerlo. Y un buen whisky para mí.

Lo oyó bajar a paso rápido, silbando.

Juan aprovechó para echarse uno de golpe, sin tomarle sabor; un efímero paladeo en la lengua seguido del grato y conocido calor vivificante que palpitaba en garganta y estómago para, a continuación, viajar a corazón y nervios con alegría y relajamiento. El segundo vaso, generoso, lo contempló con placer, le dio un trago. Luego sirvió, con gran parsimonia, el coñac de *Dondán*.

En dicho acto lo encontró Eusebio y miró con gesto desaprobatorio las bebidas, inquirió con extraña rudeza:

—¿Tienes visitas?

—¡No! —Juan levantó los hombros—. Es para *Dondán*, él me la pidió... Supongo que no tiene ningún caso negársela. Supongo también que será la última vez que brinde con él. ¿Nos acompañas?

La primera intención de Eusebio fue negarse, pero recapacitó: en efecto, sería la última copa. Pidió coñac también.

—¿Cómo ha estado? —le preguntó.

—Un poco intranquilo, y, ya sabes, evitando quejarse. Hará una media hora que entró en calma. Nelly está con él. ¿Qué te dijo Gabriel?

—Es improbable que pase la noche, cree que de un momento a otro se presentará una hemorragia masiva. Confía en que sea muy rápido, sin ningún dolor... Te ves cansado... ¿has comido?

—Sí...

Subieron paso a paso, sin hablar más. Nelly besó a su tío y abandonó el cuarto con los ojos llorosos.

—¿Don Eusebio?

—Sí, *Dondán*, soy yo, vengo al brindis —le tomó la mano.

Juan, con gran miramiento, tomó la otra mano del viejo y le hizo que sostuviera la copa.

—Me alegro de que estén los dos... Don Eusebio, hice testamento en Acapulco. Dejo mis bienes a Cenobia y a Norberto, porque ya han trabajado con nosotros muchos años. Sé que Benjamín lleva más tiempo aquí que Cenobia, mas como a él lo conocí apenas el año pasado... De cualquier modo, ya arreglé tal asunto; le pedí a ella que le dé una suma... Ustedes saben bien que a quienes más quiero es...

—Al *niño* —interrumpió Eusebio.

—Y a usted, don Eusebio, ¡tanto, como quise a su abuelo! No olvide que mi niño siempre ha necesitado más cariño que nadie... Lo necesita, don Eusebio, recuérdelo. Y si no les dejo a ustedes mi dinero es porque no les hace falta...

—¡Por Dios, *Dondán*! Nos dejas tu cariño.

—Y además —intervino Juan—, no te quiero sentimental porque vas a parecer personaje de Dickens. Dí salud.

Se acercó la copa a los labios. Aspiró el bouquet.

—Salud... —musitó. Dio pequeños sorbos.

Se retiró la copa y tras unos segundos terminó el resto. A continuación pidió que le compusieran las almohadas y, espaciadamente, les hacía algún comentario. De pronto preguntó:

—¿Qué fecha es?

—Once de abril —dijo Eusebio.

—Abril... hermoso mes... ¿verdad? ¿Está muy luminosa la tarde?

—Empieza a oscurecer.

Dos horas después falleció. Su muerte se consumó en una batalla inclemente y dolorosa que dejó temblando a Juan. Hubiera querido llorar libremente, pero vio en ese momento a Ricardo y caminó hacia él, a consolarlo. Aunque de sus labios no salió ninguna palabra, simplemente acarició su pelo una y otra vez. Lucía, Nelly y Juan joven lo abrazaban. Sintió que era injusto que todos trataran de confortarlo a él y no a Eusebio, muy injusto porque sin lugar a dudas su hermano sabía querer mejor que él, y lo más importante, sin lastimar jamás a quienes lo amaban. Después, se asombró de que no deseaba beber y de que una extraña serenidad se apoderaba de él y lo llevaba a pensar en los pasos que debían darse. Convinieron en que lo velarían allí mismo, en la sala. Después llamó a Gabriel, al *Barbaján*, y a Norberto para que avisara a las amistades del viejo.

XXV

Sobre una de las laderas de la Sierra Madre Oriental, escondido a la vista de los viajeros que transitan las carreteras que van de Río Frío a San Martín Texmelucan —en el estado de Puebla—, aunque muy próximo a ellas, se encontraba el rancho de Javier Zermeño que en vida de su tío llevó el nombre de San Sebastián y, al heredarlo, Javier lo rebautizó con su mote. La propiedad tenía once hectáreas de superficie y, casi en su totalidad, estaba sembrada de manzana, ciruela y pera. Una tupida hilera de duraznos la bordeaba por todos sus límites y también flanqueaba la carretera que iba del camino vecinal a la casa habitación; alrededor de ésta se había conservado, con excesivos cuidados, un bosque de grandes cedros que la ocultaban totalmente del exterior. La casa era hermosa, y el sitio preferido de Javier fue siempre la estancia principal —la sala de armas—, amplia habitación bien abrigada, de piso de duela, con pieles de tigre y oso por alfombras. De las paredes colgaban armas de toda especie: cuchillos muy antiguos y con curiosas leyendas, dagas de varios filos y empuñaduras muy elaboradas, pequeños puñales franceses y españoles; espadas, sables, cimitarras de remotas épocas y países distantes; machetes, bayonetas y cuchillos y flechas prehispánicas de obsidiana. En cuanto a armas de fuego su colección era cuantiosa, y con varias piezas dignas de museo. Las armas modernas estaban en una vitrina, bajo llave, perfectamente limpias y aceitadas. Para Ric aquel sitio tenía el encanto de un cuarto de juguetes y desde más pequeño Javier le bajaba cuanto utensilio quería. La colección la había iniciado el tío de Javier y éste la había incrementado con las piezas más raras y valiosas.

Un hermoso domingo, tendidos al sol en trajes de baño, *el Barbaján* y Juan esperaban el regreso de Eusebio, Constanza y Lucía que habían partido desde el viernes a dar un pésame a la familia Narváez, en el puerto. Ricardo nadaba plácidamente y a veces hablaba con ellos a gritos, sin abandonar el agua. La noche anterior el par de amigos se había puesto una papalina de esas que acostumbraban de jóvenes, cuando eran condiscípulos; el rostro del *Barbaján* estaba aún congestionado y la cabeza le dolía horriblemente, en cambio Juan se veía fresco y saludable.

Con irritación Javier preguntó.

—¿Nunca te sientes mal?

—Diariamente de muerte... dura media hora, una hora cuando más. El sueño y después el agua me dejan como nuevo... Sufro un poco más; es decir, estoy en ascuas hasta que veo el rostro de Lucía, si no hallo dureza en él me siento un ángel y me lleno de bienaventuranzas.

—¿No se cansa ella?

—La tengo bien enseñada —fanfarroneó Juan, aunque interiormente una pequeña duda latía. No estaba tan seguro de lo que afirmaba.

—Eres, como siempre, muy afortunado...

—Dame otro —dijo Juan extendiendo su vaso vacío—, Lucía no tardará en llegar y es mejor no tentar tanto su paciencia... A veces se cansa y me pone mala cara.

Javier vio su reloj: la una y media. Tenía que ser ahora o ya no habría tiempo... las dudas vinieron nuevamente a él, angustiándolo. Habían pasado más de cuarenta y ocho horas juntos y no se había atrevido a preguntarle lo que tanto le preocupaba. Tenía que ser ahora...

—¿No has visto a Natalia? —y él sintió que su voz temblaba al decir el nombre.

—No... —respondió Juan—. Hace meses que no nos vemos. Nos hablamos por teléfono cada dos o tres semanas.

—¿Ya no tienen relaciones? —y apenas hizo la pregunta le dio la espalda para que Juan no viera que enrojecía.

—¿Quieres decir que si me acuesto con ella?

—Sí... Eso.

—No... Realmente no —parecía que Juan hiciera memoria—, en realidad soy monógamo, desde hace mucho... —se carcajeó— ¡muchísimo! Y no me ha hecho la menor falta... Amo a Lucía, Javier, la amo sin cansarme...

—Y si ella se divorciara de ti, ¿te casarías con Natalia?

—¡Nunca nos divorciaremos!

—¡Lo sé, lo sé, no te alteres! Es un caso hipotético, lo que me interesa saber es la segunda parte.

—¿Natalia? —Juan lo escudriñó y le sorprendió su rostro tan rojo.

—Sí...

—Déjame pensarlo... No. Si llegara tal caso buscaría una mujer más joven... Creo... ¡No quiero pensar en eso!

Javier se volvió a tender en la silla, se puso lentes oscuros. El corazón le latía con frenesí, tanto que observó su pecho para ver si no era perceptible a simple vista. No.

—Te voy a hacer una pregunta, Juan. Te ruego que antes de responder lo pienses bien, y que no te rías.

Juan se sentó. Jamás lo había visto tan serio.

—Te escucho.

—¿Qué pensarías si me casara con Natalia?

Juan no sintió el menor deseo de reír; estaba sorprendido, sí, y, sin saber exactamente por qué, emocionado hasta el grado de no poder hablar. Fue como si hasta ese momento se diera cuenta de lo mucho que siempre había querido al *Barbaján*, y que sintiera que ese cariño —como todos los que él daba— era inferior al que recibía en reciprocidad.

—¿Qué dices...? —inquirió Javier.

—Que... no sabía que te quería tanto, *Barbaján*, no lo sabía... y que te felicito, ella es... ¡una gran persona!

Sonriendo, se pusieron de pie.

Desde el agua, Ricardo gritó:

—¿Por qué se abrazan?

—¡Lo felicito! —gritó Juan también—. ¡Se va a casar!

—¡No, no! —exclamó Javier turbado—. Aún no quiero que se sepa, ella debe aceptarme antes.

—¡Ric! —gritó de nuevo Juan—. ¡Es secreto! ¡No lo digas a tu madre! ¡A nadie! ¿Entendido?

Ricardo corría hacia ellos con la toalla en las manos.

—¡Entendido, pa!... Oye, *Barbaján*, ¿no eres muy viejo?

—Cuando tengas mi edad verás que no tanto como supones —y soltó a reír aceptando su abrazo y haciéndolo volar con un ágil impulso.

—Voy a vestirme —tartamudeó sofocado Ricardo y siguió la carrera hacia la casa.

—*Barbaján*... —dijo Juan tomando su copa—, que sean muy felices.

Llenaron nuevamente los vasos y echaron a caminar entre los cedros, bajo una sombra perfumada y suave.

Deambularon mucho rato en silencio y nunca habían estado tan unidos como durante esa caminata que a cada paso, en ambos, despertaba incontables recuerdos de los casi treinta años que tenían de estrecha amistad. Javier le puso una mano en el hombro y dijo con voz ronca:

—Quiero que sepas que entre ella y yo nunca ha habido nada hasta ahora... Yo... jamás te habría traicionado... y creo que ella tampoco.

—¡*Barbaján*... por Dios!... Ella te quiere, ¿no es así?

—Creo que sí...

Javier tuvo que esperar para hacer su declaración hasta el jueves que regresaba Natalia de una gira por provincia donde había representado con gran éxito a la Blanche du Bois, de Tennessee Williams. Esa misma noche cenaron juntos y después de que ella contó las peripecias del recorrido teatral y él la visita de los Rebollar a su rancho, Javier, apresando su mano, agregó:

—Le dije a Juan que pensaba pedirte en matrimonio... ¿Qué te parece?

Los ojos de Natalia estaban brillantes, toda ella resplandecía como en su mejor escena. Sonrió y le dijo en tono de advertencia:

—Tú sabes que siempre lo querré...

—Eso no es impedimento. Yo también... ¡Salud!

—¡Salud!... *Barbaján*, ¿de veras me amas?

—Es algo que sólo podrás averiguar probándolo. Y mientras más pronto empecemos, será mejor...

—*Barbaján*... *Barbaján*... —murmuró ella mientras lo besaba en la mano.

XXVI

Para corresponder a la despedida del cliente, el cantinero dijo:

—Buenas noches, señor Chapman.

El hombre, tambaleante, pensó: *noches*, es de noche. El pianista empezó a tocar *Las hojas muertas*. El hombre se detuvo para componerse la corbata, aparentemente, en realidad lo hizo para recargarse en una silla próxima pues sintió que sus piernas no estaban firmes, como tampoco las paredes, y menos aún los focos laterales que habían emprendido un viaje en círculo. ¿Estaré limpio? —se preguntó otra vez. Con la mano izquierda se sacudió las solapas. Varias veces le había venido la idea de que se había orinado los pantalones, y otras tantas, con disimulo, se había examinado, para corroborar en cada ocasión con sorpresa que no era cierto; entonces, ¿por qué sentía él...? Tal vez sí, y la luz resultaba engañosa, insuficiente, aunque en este momento mil focos se mecieran a su alrededor. No había sido sensato dejar su asiento, el peligro de caerse de él resultaba exagerado ya que estaba a su alcance la barra, firme, fuerte. En cambio aquí sí podía caerse... No quiero que sea de noche. No quiero. Un recalcitrante horror a hacer el ridículo lo impulsaba a ponerse rígido para no irse de bruces. El mareo aumentaba y olvidó el disimulo: se afianzó con ambas manos de la mesa y cerró los ojos, al hacerlo el mundo se volvió rojo sangre seca vibrante y dejó de oír la música para escuchar solamente un zumbido agudo en las orejas. Su cuerpo era un barquichuelo en un invisible mar proceloso, y las ráfagas de viento tan frenéticas que apenas se libraba de una acudía otra.

El cantinero, sin dejar de secar vasos, lo observaba. Apostó mentalmente que caería hacia la izquierda. Aunque... prefería que conservara el equilibrio y se fuera, ya estaba harto de él. ¡No, no, iba redondito hacia la derecha! Su experiencia fallaba... No sin azoro contempló cómo de pronto recuperaba la estabilidad. Erguido, se vol-

teó y el cantinero vio de nuevo la cara del parroquiano...
¡otra sorpresa!, no parecía borracho, sino aterrado. El
rostro pálido como cadáver, los ojos desorbitados. Y su
estupor ya no tuvo límites cuando lo vio dirigirse a él con
pasos naturales, e increparlo:

—¿Por qué me dijo eso?

El cantinero hizo a un lado el vaso y el trapo. Mascó
su chicle, y con voz sorda respondió:

—Yo no le he dicho nada... ¡Usted oye voces!

—¡Usted me lo dijo!

—¡No grite, señor! ¡Está en un lugar decente! No admi-
timos escándalos. Y no quiero emplear la fuerza...

—¿Por qué me llamó así?

—¡Yo no le he llamado nada! Le di las buenas noches
y eso fue todo.

—¡Pero me dijo un nombre!

—¡Su nombre, Chapman!

—¿Por qué? ¿Por qué?

—¿Cómo que por qué? ¡Por educado, por tarugo, por
tener la atención de despedirme de usted!

—¡Yo no me llamo así!...

—Mire, amigo, usted está loco, o va para allá, toda la
tarde me ha repetido —¡Como si a mí me importara un
carajo!— que así se llama.

—¿Yo dije eso?

—No acostumbro poner nombres a los clientes.

Juan regresaba de una pesadilla. Se sintió avergonzado; con voz firme y queda, murmuró:

—Discúlpeme...

—Disculpado... —y siguió secando vasos.

—Deme otra, por favor.

—Se la voy a servir... por lo mucho que ha gastado
aquí... Después de ésta se va... O hago que lo saquen.
¿De acuerdo?

—De acuerdo y... disculpe de nuevo. No acostumbro
hacer escándalos.

Nunca acaba uno de conocerlos —se dijo el cantinero—,
éste parece que no hubiera dado trago en ocho días, la
sobriedad personificada... Lo vio beber a sorbos mesu-
rados, y observó cómo encendía un cigarrillo sin tropiezos. Si no lo hubiera visto ebrio con mis propios ojos
—agregó— diría que es mentira... A la mejor mañana

creo que lo soñé. ¡Qué cara de miedo puso!, ¡como si hubiera visto a la muerte!

Juan, inútilmente, intentó saber dónde estaba, cuándo había llegado, qué había sucedido en el día... (un temblor de miedo lo recorrió)... ¡en estos días!... Nada próximo venía a él. Estaba estupefacto, como si hubiera despertado, de pie, dentro de un bar desconocido. Ni siquiera recordaba al cantinero... Ni ayer... ni anteayer... No venía ningún recuerdo. Advirtió que la pared de la cantina tenía un espejo, y que, entre las hileras de botellas se veía a sí mismo; y se veía *bien*. Peinado, correctamente vestido... Algo que no correspondía a la imagen *interior* ni al miedo. El cantinero se retiró al extremo más distante para atender a un cliente y él aprovechó para palpar sus bolsillos: llaves, encendedor, el tubo de pastillas para el dolor de cabeza, las tarjetas de crédito. En el bolsillo derecho del pantalón, un fajo de billetes. Lo sacó, tenía más de mil quinientos pesos. Discretamente se palpó también el pecho y sintió la cartera; después, como si fuera a rascarse se tocó abajo del cinturón donde tenía un bolsillo secreto en el que guardaba billetes grandes para un apuro. Estaban. Cuando menos tres, cuatro billetes... sintió hambre. Hubiera apurado el resto de un solo trago si el cantinero no hubiese dicho que no le serviría más. ¿De dónde le había salido la maldita ocurrencia de llamarse "Chapman"? ¡Qué maldito humor negro...! Y el nombre se repetía en su cerebro —Chapman, Chapman, Chapman— en distintos tonos, pronunciado por numerosas personas. Tenía la impresión de que hacía siglos que no veía a Lucía, ni a Nelly, ni a Juan-joven... A Ricardo sí, arrebujado, durmiendo con la luz prendida. Se acercó a él y la apagó. Negro... Sombras... Hambre.

—Sírvame un trozo de queso, por favor...

El hombre lo escudriñó sin salir todavía de su sorpresa. Asintió. Con una rapidez asombrosa regresó con un gran plato con gruyere, manchego, roquefort, y pan. Le agradeció con una sonrisa y después de varios bocados dio un mínimo sorbo al whisky, que le supo dulce, delicioso. Terminó el queso y pidió más. Después, mirándolo fijamente a los ojos, inquirió:

—¿Podría servirme otro? —señaló el vaso.

142

El hombre titubeó, hizo un gesto que más parecía para sí mismo, tomó con brusquedad la botella de *Old Parr*, refunfuñó algo y le sirvió.

—Recuerde... No quiero que se repita el numerito.

—No se apure. Estoy bien.

Sabía exquisito y de una suavidad... reconfortante. Si pudiera recordar... Venía a su cabeza el entierro de *Dondán*, ¡y aquello había pasado hacía mucho tiempo! Meses después se fue Juan joven al extranjero... ¿a qué país?... Tampoco lo supo y si se esforzaba en pensar las sienes empezaban a latirle. El pianista tocaba *Té para dos*, la canción de Natalia... Ella y *el Barbaján* se casaron en Puebla. Lucía y él fueron los testigos, y después lo celebraron en el rancho de Javier; llovía copiosamente, y al regreso se fueron a la cuneta y el *Porsche* quedó con la salpicadera destrozada, pero le importó más el susto de Lucía, y más todavía que su esposa tuviera una voz dura, imperiosa, y tomara el volante sin contestar a sus preguntas... La boda fue en septiembre de hace dos años, en 1971...

—Perdone... ¿en qué fecha estamos? —preguntó al cantinero.

Éste puso cara de tragedia a la par que exclamaba exasperado:

—¡Va usted a empezar con la misma cantaleta!

—¡No, no! Se lo juro. Estoy tranquilo, estoy bien... dígame la fecha.

—¡Noviembre 26! ¡Y le juro que este día no se me va a olvidar nunca!

Juan, asombrado, empezó a decir:

—Noviembre 26, hace seis días.

El hombre lo interrumpió violento, el rostro congestionado.

—¡Se casó su hija Nelly! ¡Por favor, no empiece!

—No... —respondió él—, no se preocupe. No hablaré.

Nelly se casó. Se casó con un estúpido niño millonario a quien su hija no podía amar. ¿Por qué demonios?... En tropel le llegaron mil imágenes. ¡Todo desagradable! ¡Qué horror, qué horror! Las sienes iban a estallarle y estaba en blanco nuevamente. Hace seis días ¿qué ha pasado en estos seis días?... ¿Qué pasó en la boda? Un sudor helado le mojaba el cuello y le bajaba por las axilas. Todo su cuerpo se perlaba de sudor. Debo calmarme —se dijo—, debo estar tranquilo. Y con horror le vino el recuerdo de que lo habían encerrado; entre Eusebio y Gabriel... en la recámara en que había muerto *Dondán*. Echaron llave a la puerta y él se quedó azorado, sin saber por qué lo habían hecho, por qué habían gritado tanto y le habían apretado los brazos con tanta fuerza. Calma... calma... Miró al hombre. Sacó un billete de mil pesos y lo llamó.

Se acercó con recelo, la cara hosca.

—No se apure, le repito que estoy bien —se expresó con voz suave—. Quiero que me haga un gran favor. Tome este billete; es suyo; dígame, se lo ruego, todo lo que le haya contado.

—¡Y se va a enfermar! ¡No, guárdese eso!

—Se lo ruego...

—Ay... —se mesó el pelo— Ay... Yo no nací para cantinero... Usted es el peor caso que he conocido... Mire, se lo voy a decir en pocas palabras y después se larga, ¿de acuerdo? Su hija Nelly se casó hace seis días con un hijo de puta al que usted no puede ver, por menso. Se peleó con su esposa, y armó usted una de aquéllas en plena celebración. Su hermano de usted lo mandó al carajo, y *el Barbaján* entró al quite, creo que para ayudar a su hermano, y después ese desgraciado de Gabriel lo inyectó a usted en la vena, y su esposa de usted lo abandonó y se fue a la casa de Ensenada y no piensa volver nunca, pero a la mejor ni es cierto porque al rato preguntaba si la señora Chapman —¡Y usted *es* el señor Chapman!— no lo había llamado, y que si no había estado aquí con el señor Douglas no sé qué. Y después hablaba con un fantasma y se reía y hacía apuestas con él, y pasaba al lloriqueo por la muerte de *Dondán* o algo por el estilo... Después, que pobre del niño Ricardo porque debe estar esperándolo, y de nuevo la vieja, perdón, la señora Chapman... ¡Y esto repetido mil veces! Luego se ponía a hablar con Luis Enrique, y usted es aviador... y actor... y está harto de viajar... Y cuando encuentre a Douglas lo va a matar... ¡A muchos clientes los fastidió con lo mismo!... Ahora, ¡se me larga! ¡y guárdese ese billete que ya bastantes propinas me ha dado!

—Un último favor... —suplicó Juan.

144

—¡Ah, ah, no! ¡Ni una más!

—No; pídame un taxi. Y que uno de sus hombres me ayude a subirme a él, yo... solo... no podría... me voy a caer.

Dio la dirección al taxista, y bajó el vidrio. Necesitaba aire. Ricardo estaba solo... ¿cómo, por qué? ¿Y Cenobia? Ahora ya no sabía si deseaba saber *todo*, o ignorarlo. Eusebio no puede —murmuró sacudido por un temblor irrefrenable—, no puede abandonarme...

XXVII

Eusebio nunca lo abandonó, ni antes ni menos aún a partir del momento en que la desesperada Cenobia lo llamó después de medianoche para decirle que el señor Juan estaba bajo un ataque de locura y llorando. Eusebio la calmó e hizo preguntas concretas: ¿Lo está viendo Ric? ¡No, no, empezó después de que el señor lo durmió! El niño está arriba y el señor aquí abajo, en la biblioteca, arrastrándose... ¿Llamo a don Gabriel? Eusebio respondió que él lo haría, que regresara al lado de Juan y él no tardaría en llegar. Apenas colgó el teléfono le explicó a Constanza lo que sucedía. A continuación, llamó a Gabriel. Antes de un cuarto de hora Constanza y Eusebio entraban en la casa del hermano. Cenobia corrió a recibirlos. Más calmada, les hizo un relato de lo sucedido en el día: El señor salió a las nueve de la mañana, como siempre; me sorprendí al ver que regresó a las once, se cambió de traje y se fue a la carrera —desde esas horas tomó unas copas—; a las doce y media estaba de nuevo aquí. Otra vez se cambió de ropa, y me dio la orden de que la enviara a la tintorería, ¡y la ropa estaba limpia! No vino a comer con Ric, ¡ni en toda la tarde!, y ya ven que desde que falta la señora él se dedica a cuidarlo nada más. Llegó como a las ocho y media, lo trajo un taxi. ¡Venía como cadáver! ¡Blanco, blanco, señora Constanza! El niño se espantó de verlo así, lloró un poco y el señor supo calmarlo pronto, lo acompañó a terminar de cenar, después se subió con él, a leerle un cuento. Subí a dejar una ropa y los oí muy contentos, hasta se reían, pero el señor con una risa muy nerviosa. Yo no quise irme a acostar. Me quedé aquí en la escalera. Vigilando. Como a las once él bajó otra vez, dijo que me fuera a dormir y le respondí que no iba a hacerlo, entonces me besó en la frente y se fue a la biblioteca. No hacía nada de ruido y al rato me asomé. Estaba bebiendo, tenía la cara otra vez como de papel... Después, empezó a hacer ruidos y a gritar y a llorar con más y más dolor y espanto; se arrastra en la alfombra, parece que estuviera en una jaula.

146

Eusebio le pidió a Constanza que esperara junto a Cenobia y con el corazón dándole saltos se dirigió a la biblioteca. La puerta estaba entornada. Sintió miedo al empujarla. Estaba de espaldas, próximo a la ventana, hincado. Una férrea opresión en la garganta acompañó a Eusebio mientras se aproximaba a su hermano, que no había notado su presencia. Extendió la mano para posarla sobre su cabeza, pero antes murmuró su nombre y Juan dio un brinco rápido, más de felino que de ser humano. Lo miró con expresión aterrada y parecía no reconocerlo.

—Soy yo, Eusebio...

Una luz brilló en sus dilatadas pupilas.

—¡Eusebio, Eusebio! —se acercó de rodillas—. ¡Tengo miedo!

Vio que quería decir muchas cosas más y sólo le salían sonidos, gritos entrecortados, sordos.

—Por favor, Eusebio, que se vayan, que no sigan hablando. ¡Tengo mucho miedo!

Le nacían alaridos incontenibles, agudos.

—Estamos solos, Juan, yo te voy a cuidar. ¡Calla, calla! —suplicó—. Nada te va a pasar. Tienes que calmarte para que Ricardo no se despierte.

Se abrazó a sus piernas y lo sintió mojado, empapado en sudor. Empezó a dar gritos cada vez más intensos.

—¡Cálmate, cálmate! ¡Ricardo se va a espantar si lo despiertas!

Juan, sin soltarlo, dejó de gritar.

—Él no puede despertar. Le di unas pastillas y se durmió profundamente. No quería que él los oyera, Eusebio. ¡Y empezaron a gritar allá arriba! ¡Entonces me espanté y le di ia medicina! ¡No quiero que él sufra!

Eusebio sintió una angustia mayor.

—¿Qué medicina le diste? ¿Cuántas pastillas? ¡Juan, Juan! ¡Óyeme! ¡Contesta! ¿Qué medicina le diste?

—Ativán...

—¿Cuántas?

—No sé... Una... o dos... ¡Yo no quiero que él los oiga!

Eusebio no se atrevía a soltarse y correr a ver al niño. Vio con alivio que Constanza estaba en la puerta, había entendido, y le hacía señas de que ella subiría. Oyó sus pasos rápidos que se alejaban.

Con desesperación Juan alzó el rostro hacia el de su hermano. Deseaba explicarle la monstruosidad que se estaba perpetrando con él, ¡ese horrible asedio de voces y espantos!, cómo se escapaba de sus ojos y de su mente la realidad; cómo un miedo espantoso le subía por todo el cuerpo.

Aunque la mirada de Eusebio era cariñosa, Juan supo que no llegaría a entenderlo, a *acercarse* verdaderamente a él, y que, incluso en el supuesto caso de que lograra expresar su conmoción sería muy difícil que la comprendiera y que más allá de gritar, ¡tengo miedo!, poco podría agregar. Además no podía unir las palabras; tras muchos esfuerzos alcanzaba a formular algo:

—¡Ayúdame... ayú-dame!

—Sí, sí... —acarició su pelo que estaba tan mojado como si acabara de salir de la ducha—, ya viene Gabriel, él te va a calmar...

—¡Él no! ¡Él no!... ¡Otro!

Repitiendo la última palabra hasta el cansancio continuó con un llanto entrecortado y balbuceos. Le soltó las piernas y se llevó las manos al rostro para enjugarse las lágrimas.

Constanza regresó y se aproximó a ellos. Con voz suave informó.

—Duerme muy tranquilo... —ambos se vieron sin saber si aquello indicaba o no una buena noticia. Ella se acercó a su cuñado y le tocó el hombro—. Juan... ¿no quieres sentarte, mejor?... ¿Te recostamos en el sofá?

Él aceptó. Les tendió las manos y lo izaron. Sus pasos eran muy torpes, tropezaba consigo mismo y no tenía fuerzas en las piernas, apoyaba casi todo su peso en ellos. Lo tendieron. Constanza pensó que necesitaba una almohada y un cobertor. De pronto los tuvo enfrente, Cenobia se los extendía. Entre las dos lo arroparon. Sonó el timbre de la entrada.

Juan se incorporó de un salto.

—¿Quién viene? —preguntó aterrado.

—Debe ser Gabriel —respondió Eusebio y lo escudriñó en espera de su reacción.

Juan pareció replegarse en sí mismo, se dio vuelta y ocultó la cara entre la piel del respaldo del mueble. Una convulsión, con llanto, empezó a agitarlo. Eusebio salió;

al pasar junto a Constanza, ella le entregó la caja de Ativán.

Gabriel parecía muy preocupado, estaba tan pálido como el paciente. Le pidió a Eusebio que le informara. Se quitó el abrigo y la bufanda y los arrojó a un sillón mientras escuchaba la relación. Marina lo acompañaba. Ella se dejó el abrigo, temblaba por el frío y el relato.

—¿Cuántas? —inquirió Gabriel.

—No lo sabemos... Faltan ocho pastillas, ignoramos si estaba entera. Constanza dice que duerme tranquilamente.

—¿Dónde está Juan?

—En la biblioteca.

El médico se volvió a su esposa y dijo:

—Sube tú a ver al niño, ya conoces los síntomas... —se dirigió a Eusebio—. ¿Qué edad tiene Ricardo?

Eusebio hizo memoria, calculó.

—Doce...

—Ve rápido... —ordenó a Marina, y ésta corrió.

Eusebio detuvo a Gabriel por el brazo.

—Espera... Él no quiere que tú lo trates, quizá no acepte que lo inyectes en la vena.

—Ya lo pensé. Le pondré Aldol, intramuscular, sobre la ropa si es necesario y en ese caso me ayudan tú y Benjamín... Vamos.

Benjamín que se había quedado en la puerta, los acompañó.

Constanza no olvidó nunca los minutos siguientes:

En el momento en que entraron Gabriel y Eusebio, seguidos por Benjamín, aunque apenas si hicieron ruido, Juan brincó sobresaltado y se sentó. Constanza le tomó la mano y Juan se aferró a ella atenazándola con tanta fuerza que estuvo a punto de gritar, pero no se movió ni intentó retirarla. La sorprendió lo dulce y firme que resultaba la voz de Gabriel mientras avanzaba, con la jeringa lista en la mano, y también la sorprendió cómo Juan se ponía tenso, petrificado. La soltó y quiso huir. Cayeron sobre él y se lo impidieron. Vino un forcejeo frenético, una lucha sorda y monstruosa. Gabriel le ordenó a ella que le sujetara la rodilla y fue una piedra lo que tocó y detuvo. La aguja entró certera y salió aprisa. Los ruidos que hacía Juan fueron bajando de tono hasta convertirse en sollozos.

—Se dormirá en un momento... —dijo el sudoroso Gabriel—. Voy a ver a Ricardo.

Ellos oprimieron hasta sentir que el cuerpo perdía sus fuerzas. Después, la habitación quedó sumida en un silencio profundo, roto a intermitencias por los ronquidos, casi estertores. Cenobia y Benjamín permanecieron junto a él mientras Constanza y Eusebio salieron, extenuados, hacia el cuarto de Ric. Marina bajaba corriendo la escalera, les dijo:

—Voy a llamar una ambulancia, hay que llevarlo a terapia intensiva... ¿Qué tiempo hará que le dio las pastillas?

Eusebio vio su reloj; la una y treinta y cinco.

—Dos... tres horas.

—¿Está grave? —inquirió desesperada Constanza.

—Puede estarlo...

No fue un alivio, sino que resultó exasperante, que Cenobia dijera:

—El niño está bien...

La única que la habría creído sin la menor duda era Lucía, y se encontraba muy lejos de allí. Posteriormente, pasado el susto, decidieron que sería mejor que ella no lo supiera.

XXVIII

Una carta de Gabriel convenció a Lucía de que debía regresar. Las llamadas de Juan, Eusebio, Constanza, Marina y *el Barbaján* no lo lograron, aunque la dejaban deshecha. Quien más próxima estuvo de convencerla fue Natalia ya que empleó un lenguaje que sólo el amor puede poner en los labios y no se había detenido ni en la autohumillación con el fin de hacerla cambiar de opinión. Todos, en una forma u otra, habían acudido a explotar sus buenos sentimientos, su amor "que nadie cree que haya acabado". Y los "Tú lo amas", "Él te ama", iban y venían telefónicamente a la par que las lágrimas, los ruegos, las advertencias, los augurios, los malos augurios, por supuesto.

Lucía siempre supo que iba a regresar. No quemó sus naves. Por eso dejó a Ric... Porque en el fondo tenía un temor: que Juan hubiera cambiado tanto que aceptara el divorcio y prefiriera el vicio a ella. Después de todo, podía justificarse que ya no la quisiera pues los últimos meses lo había hecho padecer cada hora, cada instante, con saña. Su reprimida venganza explotó, incontenible, y a sus labios acudían frases que nunca se creyó capaz de decir. Tal actitud la satisfacía y, al mismo tiempo, la asqueaba; sentía que *ambos* se habían degradado, que aquella cadena de insultos y vejaciones no tendría fin, que ningún amor puede sobrevivir si ya no existe el respeto, el decoro, la reticencia. Y el temor tampoco la abandonaba. *Si Juan no...* Sólo el acendrado rencor que sufría hacia el alcohol la salvó de la dipsomanía, pues otro escape estaba totalmente fuera de su naturaleza. *¿Y si él deja de amarme?...* Aquella adolescente insegura y tímida que sus padres habían hecho de su persona, renacía con mayor fuerza y borraba su aplomo como había borrado su alegría. ¡Piedad, piedad! —suplicaba cuando regresaba a su memoria el rostro de Juan ebrio, su sonrisa estúpida, casi babeante. Hubiera querido correr, huir... ¡Pero ya lo había hecho! *¡Piedad, piedad!*

Al hablar de la agonía de Luis Lucero, Gabriel había

dicho que había sido un infierno inútilmente dilatado, ¿qué otra cosa resultaba la vida de Juan? Y su propia vida, ¿no se podía calificar exactamente de lo mismo? ¿Había salida? Los buenos propósitos y sentimientos no servirían más que para disfrazar otra vez la realidad y, con paliativos y buena voluntad, reiniciar caminos. Lo que sería absurdo. Ella misma era absurda puesto que una situación tan deplorable por las nefastas repercusiones (algunas, insospechadas) que acarreaba, en último grado la supeditaba a la conservación o pérdida de un hombre a quien la enfermedad había privado de ser dueño de sus sentimientos. Además, en cierto modo, ella los estaba engañando a todos puesto que —se repitió a sí misma— si no hubiera pensado volver no habría dejado a Ric. Juan la había contagiado; ella misma albergaba un engaño dentro de otro y otro y otro hasta el infinito.

En diciembre, por Navidad, Juan-joven voló de Massachusetts a Ensenada, con varias escalas para estar a su lado. También lo hicieron Nelly y su flamante marido —a quien Lucía después de la boda y posiblemente contaminada por Juan ya no soportaba—; los recién casados le dieron la noticia de que habían hecho las paces con el papá, y naturalmente desde el primer momento iniciaron una campaña de reconciliación, ante el silencioso Juan-joven que cada vez que abría la boca parecía totalmente ajeno a lo que le rodeaba, como si nada de lo que se hablara pudiera tener trascendencia. El marido de Nelly tenía veinticinco años (nueve más que ella), no era mal parecido, sin embargo, por alguna causa, resultaba repugnante. Aún oía los gritos de Juan: ¡Eso es un remedo de hombre! ¿por qué demonios te casas con él? La respuesta, aunque obvia, el único que parecía ignorarla era Juan: por venganza.

—¡Oh, Dios, Dios! ¿Qué había sucedido con su hermosa familia? —se preguntó mil veces en aquella Navidad, porque no admitía que el único culpable fuese Juan. Eso por ningún motivo. Y estar sin Ricardo y sin Cenobia la laceraba. También le dolía mucho —y por eso evitaba pensar en ello—, que Cenobia no hubiera aprobado su partida. ¿Escaparse cuando él la necesitaba tanto? Si usted no combate a los malos espíritus, ¿quién va a hacerlo? Y después, como advertencia urgente: No se vaya. Se parapetó en la salida, como si estuviese dispuesta a impedirle por la fuerza que saliera. Benjamín tuvo que hacerla a un lado. Cenobia soltó a llorar y después corrió a esconderse en un rincón; mientras ella, aparentando una serenidad inconcebible, viajaba hacia el aeropuerto. Le escribió una carta muy cariñosa y Cenobia contestó informándola sobre la salud de Ricardo, nada más. Ninguna efusión ni frases de consuelo.

Unos años atrás, cuando la península de Baja California empezaba a cimentar su prestigio de emporio turístico, Juan y ella la recorrieron. Ensenada les despertó una gran fascinación; les gustó la baja temperatura, la neblina que acariciaba los acantilados y decidieron comprar una casa allí "para pasar la vejez". La residencia tenía bella arquitectura y, naturalmente, Lucía la había decorado con gran esmero y lujo. Nunca habían vivido ellos dos allí. Ambos, por separado, la habían habitado en varias ocasiones por unos cuantos días. No tenían amistades en la ciudad, de modo que vivía en la soledad, por lo que la presencia de sus hijos resultó un gran bálsamo. Durante casi tres semanas sintió que las fuerzas que creía perdidas regresaban, e incluso llegó a pensar que su retiro tenía visos de pernicioso y que se estaba solazando en el desamparo. Las celebraciones de Navidad y Año Nuevo fueron más bien simbólicas y aunque trató de dar a las fiestas un tono alegre y mundano, recibió el 1974 con lágrimas en los ojos. Unos días después partieron Nelly y su marido. Juan-joven permaneció dos días más junto a ella y Lucía había esperado que en cualquier momento abordara el problema. En Tijuana, al despedirse, dijo como quien enuncia un axioma:

—Recuerda que él no es capaz de vivir sin ti.

De regreso a Ensenada ella manejó con lentitud, sintiéndose vacía.

Constanza llamó unos días después para comunicarle que pensaba pasar una temporada a su lado; ella le suplicó que no lo hiciera, aún no. Se había propuesto borrar de su memoria todas las escenas violentas, amargas, y no lo conseguía. Por el contrario, los malos recuerdos se ensañaban con ella hasta conducirla a prolongadas crisis de llanto. No deseaba que Constanza la encontrara en aquel estado.

Su servidumbre estaba compuesta por una hermana de Benjamín y su esposo quienes habían ido a trabajar con ella por tres meses bajo el aliciente del espléndido sueldo que les ofreció. Corría ya el segundo mes y no había dado el menor paso para contratar otros criados, no podía pensar en nada práctico, ni se preocupaba por lo que comía ni por la ropa que usaba. Cuando no se hallaba bajo la tensión de los recuerdos la acompañaba una infinita abulia, y de no haber sido por los cuidados de Margarita y Joaquín, que estaban pendientes de que comiera a sus horas, de bajarle un chal si disminuía la temperatura, de ofrecerle un té o un café, y, además, de hacerla distraerse y conversar con ella, se habría abandonado del todo. Nunca supo que Cenobia se escribía con Margarita y que ésta la informaba de cómo había pasado el día, cuánto lloraba, qué comía... Cenobia respondía con instrucciones de cómo tratarla, qué darle de comer, cómo le gustaba tal y cuál platillo, qué flores prefería, incluso de qué hablarle, y las indicaciones se respetaban a tal punto que algunas veces Lucía —sin saber por qué— tenía la impresión de que *su* Cenobia estaba próxima. Aunque la angustiaba la desaprobación de *la vidente*, estaba segura de que en el momento en que regresara Cenobia la cubriría de mimos. *El día que regrese...* Y como sentía que las lágrimas iban a llegar corría a su recámara y se encerraba.

Supo, oportunamente, que Juan había pasado los diez primeros días de diciembre en un sanatorio y que se había negado a que lo tratara Gabriel. La enteraron también de su regreso al hogar, de lo mucho que había adelgazado y lo arrepentido que estaba de su comportamiento. Él la llamó para exponerle sus súplicas y promesas. Lucía colgó el teléfono. No era su voz solamente lo que había escuchado, había *visto* sus ojos, sus gestos, había *sentido* su temblor, su desesperación... ¡Quería morirse! ¡Nada, nada había cambiado! En Navidad, Juan reincidió.

En enero se negó a que le dieran informes sobre él y si alguien empezaba a hacerlo cortaba la comunicación en seguida. Una mañana vio que ella también había adelgazado... No le gustó. Uno tras otro se probó los pocos vestidos que había llevado consigo, ninguno le quedaba bien. Decidió ir a *El Estero* cuanto antes; le molestaba que su ropa pareciera ajena. Para Joaquín fue una gran sorpresa

154

saber que la señora iba a una tienda, ¡a comprar vestidos! y le dijo a su esposa:

—¡Esto es buena seña!

Margarita respondió: —Ahorita mismo se lo escribo a Cenobia...

Se puso un abrigo gris de lana escocesa que le sentó como si fuera para una mujer dos tallas mayor que ella. Tan frío estaba el día que se plantó un gorro bufanda, negro y gris. No se había maquillado, lo que la hacía verse como una convaleciente; sus ojos estaban irritados, los tapó con lentes negros. Bajó las silenciosas escaleras y le vino la sensación —le asaltaba allí a menudo— de que se movía en un hotel vacío, un hotel de temporada que estuviera ya a punto de ser cerrado, y que sólo porque ella, terca, permanecía en él no clausuraba sus puertas hasta la próxima estación (como les había sucedido en Europa). Sus pasos despertaban sobre la madera lánguidos ecos... Si Ricardo estuviera aquí esos ecos serían alegres, rápidos; y también habría risas, y también estaría Juan...

Joaquín estaba listo para conducir el coche. Lucía no lo permitió, iría sola. Recordaba el camino, lo había hecho un par de veces con Constanza y Eusebio. Manejó lentamente.

El Estero le había gustado desde su primera visita por su amplitud y escasos clientes, un almacén tranquilo. Su rápida mirada de *connaisseuse* la hizo distinguir en seguida un magnífico juego de copas de cristal francés, y un florero —sin duda alguna checo— de bello diseño. Por primera vez en mucho tiempo sonrió; le hubiera gustado acercarse a examinarlos; en lugar de detenerse apuró el paso hacia la sección de ropa donde la empleada fingió reconocerla y esmeró sus atenciones. De repente pareció que una fiebre maligna la hubiera asaltado y la impeliese a comprar y comprar. Se probó todo lo que llamaba su atención y, sin dudas, seleccionaba una prenda tras otra. Una vendedora de mayor jerarquía se había unido a la primera y sugería este color... aquella otra bagatela... Su tipo, madame, es para esto... ¡hágame el favor de probárselo, deme ese placer...! ...¡Perfecta, madame, qué elegancia! Las sedas resbalaban sobre su cuerpo como caricias, y el raso, la tafeta, el encaje pasó por sus manos,

155

por sus hombros. Le gustaba la imagen que le daban los espejos; había algo nuevo en ella, algo trágico, que la favorecía con la ropa debida. Entusiasmada se dijo que se estaba divirtiendo como hacía siglos no lo hacía, y agregó: Cuando se lo cuente a Juan nos vamos a carcajear mucho... Lo pensó sin angustia, como algo cotidiano, y no reparó en ello.

De nuevo en sus propias ropas pidió que le enviaran todo inmediatamente. Cuando se acomodaba el gorro advirtió que la tienda estaba ahora llena de clientes. Un numeroso grupo de turistas. También notó que la observaban con insistencia —un grupo de muchachas jóvenes, aunque mayores que Nelly no le quitaban la vista—, las vio hacer preguntas a las vendedoras que la habían atendido. La empleada mayor, muy sonriente, se acercó a ella para devolverle su nota y le comunicó:

—Esas chicas creían que usted era... —le dio el nombre de una actriz europea, y agregó—: ¡Es usted tan hermosa como ella! Yo, incluso, diría que más...

Manejó feliz, sin perder la sonrisa. Prendió el radio. Esto es más efectivo que el mejor psicoanalista —se dijo—... tal vez un poquito más caro. ¡Bien vale la pena! Simpáticas chicas, ¿eh?

Convulsivas carcajadas nerviosas la sacudieron y pusieron un poco de color en sus mejillas.

Ése fue su único día feliz durante toda su estancia en Ensenada. A partir de esa fecha se sintió mejor, lloró menos —el espejo fue su cómplice, en una cura clandestina.

En febrero llegó la carta de Gabriel (el único con quien no había hablado por teléfono), y en ella escuetamente le contaba que Juan había acudido a él, y en qué postración se mantenía. No había ningún chantaje sentimental: Una llana exposición del caso y el peligro en que se hallaba el paciente.

Hizo su reservación aérea y llamó a Constanza para que fuera a esperarla al aeropuerto, le pidió que informara a Gabriel. Quería verlos antes de llegar a casa y que Juan no supiera, aún, su regreso.

XXIX

—Quiero que sepas que no lo he dejado totalmente, Gabriel me lo permitió. Tal vez, ya contigo aquí... ¡Pero no quiero engañarte, Lucía! ¡No quiero! Es que todavía no puedo... ¿Me ayudas?

—Sí —respondió ella.

Estaba tembloroso, demacrado, y daba la impresión de ser un niño prematuramente envejecido. A Lucía le costó trabajo admitir que en tan poco tiempo de no verlo él hubiera cambiado, físicamente, tanto: veía a un ser indefenso, frágil, que despertó en ella el deseo de luchar... y salvarlo. Juan insistió en bajar puesto que no tardaría Ricardo en volver de la escuela, y quería que lo recibieran juntos, y abrazados. Lo ayudó a ponerse la bata y le sirvió de apoyo al descender la escalera. Naturalmente no se necesitó mucho para que entre ellos se restituyera la comunicación y más con la estruendosa felicidad de Cenobia que revoloteaba constantemente a su alrededor atosigándolos con mimos y risas.

En efecto, cuando Ricardo los vio abrazados dio gritos de felicidad. Una vez más ratificó Lucía su parecido con el padre pues en seguida notó sus nuevas ropas y explotó en frases de elogio, muy conmovido y satisfecho por su belleza. Hasta entonces se percató Juan de su aspecto e imploró perdón por no haberlo advertido antes. De pronto los dos dijeron:

—Retírate un poco...

Extasiados, la contemplaron.

—¡Qué par! —gritó ella—. ¡Ya, ya, no voy a hacer monerías para divertirlos! Estás enorme, Ric... serás tan alto como tu padre.

Por la tarde llegaron Nelly y su marido (se llamaba Francisco y sus amigos le decían Pacorro; Juan prohibió que se le llamara así, porque de eso tenía cara). Febrero estaba muy frío, los encontraron en la biblioteca, junto a la chimenea encendida. Juan hizo lo indecible por comportarse bien y ser amable, y lo consiguió a los ojos de todos —excepto de su esposa quien percibía angustiada lo que él sufría por el esfuerzo de resultar simpático. Estaban también Constanza y Marina, y al anochecer se les unieron Gabriel y Eusebio. La reunión del grupo hizo que Lucía recapacitara en la ausencia de Juan-joven y decidió llamarlo a Massachusetts, salió al vestíbulo para telefonearle y pronto oyeron que ya hablaba con el hijo. Les sorprendió verla regresar casi inmediatamente, sonrojada de dicha. Desde el dintel, exclamó:

—¡Viene! ¡Llegará el viernes!... ¡Estaremos todos! Juan, quiere hablar contigo.

Juan salió seguido de Ricardo que no se apartaba de él para nada. Gabriel aprovechó para llevar a Lucía hacia la ventana y hablarle a solas.

—Perdona —murmuró— por no ir al aeropuerto. Tenía un compromiso del que no pude deshacerme. ¿Cómo lo encuentras?

Lucía meció la cabeza, incapaz de responder con palabras, luego inquirió ansiosa:

—¿Le permites beber?

—No es tanto que *lo* permita... No me gusta, ¡no logré evitarlo! Prometió no excederse, me rogó que lo autorizara a tomar tres como máximo en todo el día, si lo necesitaba mucho, y acepté. Es necesario que sepas que me tomé la libertad de aleccionar a Ricardo. Es muy feo... se ha convertido en mi cómplice y lo vigila. También tuve que exigirle a Cenobia que esté pendiente, ¡no quería!... Habla tú con ella... En diciembre, y en las primeras semanas de enero —como te dije en mi carta—, lo atendió un colega mío. Pero le tomó odio, le pareció tonto, incapaz de comprenderlo. Ahora se supone que yo lo voy a tratar. Contigo aquí creo que lo puedo persuadir de que lo atienda otro médico. Te espera una temporada muy dura, Lucía, tiene frecuentes crisis de terror, ¡y no son nada gratas!

Vieron que él regresaba y Lucía dijo firme:

—Lucharé...

Al día siguiente la señora Zermeño habló para saludarla y le dijo que tenía muchos deseos de verla. Lucía la invitó para esa misma mañana. No olvidaba la llamada de Natalia, ni lo mucho que la había afectado, favorablemente. Juan desayunó en la cama y dijo que permanecería en ella, se sentía cansado. Lucía lo aprobó. No sólo parecía cansado, estaba excesivamente nervioso y cualquier ruido intempestivo lo hacía sobresaltarse y mirar a su alrededor con desconfianza. Le pidió que le diera un Ativán para dormir, y ella no lo encontró. Supuso que se habían acabado y anotó pedir a Gabriel una receta. Tomó un té y poco después dormía. Se puso a tejer cerca de él mientras llegaba Natalia. Le preocupaba cómo saltaba de repente y se quejaba; lo había hecho toda la noche.

Natalia llegó poco antes de las doce, en unión de Javier. La esperaban en el vestíbulo y se abrazaron efusivamente. Siempre había sentido cariño hacia *el Barbaján*, a pesar de su vivir en perenne parranda, ahora sintió que ese cariño se extendía hacia Natalia, con la misma naturalidad y fuerza. Cuando los enteró de que Juan dormitaba, muy intranquilo, Javier dijo que subiría a cuidarlo mientras ellas charlaban. Caía un poco de sol en el jardín y Lucía propuso que fueran a gozarlo.

—¿No me ves gorda? —preguntó Natalia.

—Un poco... No mucho.

—¡Mientes! Estoy horriblemente gorda, ¡embarazadamente gorda!

Javier subió de dos en dos los escalones de modo que en unos cuantos segundos llegó a la recámara de Juan. La puerta estaba abierta. Lo encontró despierto, con los ojos desorbitados y temblando. Cuando lo reconoció (tardó en hacerlo), trató de sonreír. Con las dos manos apretó la que Javier extendía hacia él y no la soltó.

—No puedo, *Barbaján*, ¡tengo un miedo horrible! ¡Necesito beber! ¿Qué hago?

—Se te pasará... —se sentó en el borde de la cama—. Si crees que te haga bien, si tienes ganas de decírmelo, cuéntame qué miedo es... a qué.

—¡A todo! Como si en cada rincón hubiera un espíritu maligno...

—Eso me suena a Cenobia...

—¡Digo espíritu maligno, por darle un nombre! Tengo miedo a... algo... no sé qué es... algo... algo. El silencio, en vez de ayudarme, me llena de sollozos y empieza a torturarme. No lo repitas... pero... siento que la presencia de Lucía aumenta mi suplicio. ¡Yo no quiero que ella me oiga gritar! ¡Ni que me vea aterrado! ¡No quiero asustarla!... Cuando estoy con Ricardo, *soy* fuerte sin problema. Con ella, me obligo a serlo y me cansa... Ahora, soy... débil... y eso me avergüenza...

—Tonto —dijo suavemente Javier—, Lucía regresó a ti para acompañar tu miedo, para protegerte, no para duplicar tus suplicios. Además tú la has hecho fuerte, ¡distinta!, una mujer que se ve tan bella como tu esposa, tan segura, en una situación tan difícil, es porque no le teme a nada. No la vas a asustar... Le voy a contar tus aprensiones ahora mismo, ¡sí señor! Todos te hemos cuidado, Juan, porque te queremos... Ella te adora y tiene más derecho que nadie para ser tu ángel de la guarda.

—¡Pero ella no me ha visto!

—¡Juan! —protestó Javier contemplándolo con suave reproche—. Ella ha sido testigo de algo peor... ¡el largo proceso de tu enfermedad! No digo que la gestación de tu mal porque de eso ni yo fui testigo. Es cierto que no soportó tus primeras crisis, no por cobardía sino por desesperación, porque a ella le destrozaste los nervios a la par que te aniquilabas. Ahora se ha repuesto, la separación fue un buen remedio.

—Tienes razón —se dejó caer de espaldas. Ya no temblaba—. El horror no se inició hace tres meses... es de años...

Juan conservaba entre las suyas la mano de Javier, y éste sentía sus súbitos e indominables sobresaltos, así como sus dedos helados a pesar de que la calefacción estaba encendida.

—¿Sabes?... —empezó a decir con voz ronca— también sentí horror y miedo en aquella borrachera, la de la cabalgata.... ¿te acuerdas?... La segunda o tercera vez que tú y yo salimos juntos.

—La tercera —puntualizó Javier—. ¡Cómo bebimos! Aunque tú siempre me ganabas, las veces que te igualé o te gané, caí como piedra...

Juan le soltó la mano, buscó los cigarros. Fumaron.

—Tú y tu pinche afán de buscar burdeles en casas decentes... —soltó su risa de antes, de súbito ajeno al presente.

—Tú no ibas a la zaga, amiguito —respondió Javier aprovechando la ocasión de llevar a su mente algo remoto—, y tan culpable como yo... Aunque te fingiste inocente con el primer viejo.

160

—¡Lo era! ¡Yo no conocía el pueblo!

—¿Te acuerdas de la cara del veterano? —inquirió Javier animado.

—¿Del primero o del segundo?

—Del segundo, claro. El del puñal.

—Sí, feo tipo. Si no lo hubieras sorprendido con ese golpe no lo contaríamos.

Los dos se carcajearon. Juan, nervioso, continuó:

—Tú y yo tan frescos tomando un habanero, sin saber por qué la gente corría de un lado para otro, ¡par de imbéciles! ¡Nos buscaban a nosotros, y nosotros preguntando qué sucedía!... Yo creo que nunca hubo un burdel en ese pueblo, tú lo inventaste.

—¡Lo había! ¡Juro que lo había! Es que estábamos tan borrachos que me equivoqué de casa.

—De casas —corrigió Juan. Iba a decir algo más y no lo hizo; como si las palabras se le hubieran atorado empezó a emitir extraños ruidos y la palidez volvió a su cara.

—¿Qué tienes? —exclamó Javier espantado—. ¿Qué tienes?

Juan ya no lo conocía. Lo miró hosco, y desconcertado como si se preguntara qué hacía allí y quién era *el Barbaján*.

—¡Sírveme una copa! —exigió.

Javier lo sujetó por los hombros.

—Cálmate. Soy yo, Juan... *el Barbaján*... Mírame, Juan... Juan.

—¡Dame una copa!

Repitió lo mismo en voz cada vez más baja. Parecía que rezara... De repente, empezó a gritar.

XXX

Un nuevo miedo se aposentó en Juan. Pero éste no tenía raíces oscuras, ni atacaba aleve desde los vericuetos enfermizos de la mente. Fue un miedo simple, exento de engaño: el miedo a la muerte.

Incluso levantar los párpados resultaba doloroso y el mundo que a sus ojos se ofrecía presentábase sin interés y a gran distancia; cuán arduo dar unos cuantos sorbos de agua para pasar las medicinas; casi imposible sostenerse en pie. Lo intentó una mañana que Eusebio estaba a su lado. Ayúdame a dar unos pasos... No pudo dejar el lecho, le vino un vahído que le nubló la visión. Voy a morir —pensó un segundo antes. Eusebio —sin esfuerzo— lo colocó al centro de la cama mientras un sueño pesado lo cubría.

Preguntaba a veces el día, la fecha, y antes de que le llegara la respuesta ésta había dejado de importarle. La medianoche o el mediodía carecían de significado, como tampoco alcanzaba relevancia la presencia de quienes lo cuidaban. También a veces inquiría cuándo le quitarían el suero, aunque en realidad no lo sentía ni le molestaba, hacía la pregunta porque de pronto *veía* el frasco inmutable, siempre a la mitad. Un amanecer escuchó una respiración tranquila y próxima con nitidez. Lo primero que *oía* en mucho tiempo. Abrió los ojos y vio a Lucía, pálida y hermosa. Llevaba una bata de lana negra. El cuello del camisón tenía muchos encajes. No recordaba esas ropas, debían ser nuevas. Una sonrisa de satisfacción apareció en el rostro barbón de Juan y.volvió a dormirse. Otro sonido llegó a él: una cucharita mezclando algo en un vaso. Abrió los ojos y vio a Lucía de pie. Cuando ella advirtió que estaba despierto le sonrió.

—Te cambiaste de bata... —murmuró él débilmente.

—No —respondió ella acercándose a besarlo.

—Tenías una negra...

Lucía pensó un momento:

—La negra se me manchó la semana pasada, me cayó una medicina... ¿Cómo va tu cabeza?... ¿Ya no te duele?

—¿Me dolía? —no lo recordaba. La botella de suero seguía a la mitad. Tomó la medicina y al incorporarse se cansó. ¡Qué sueño tenía! La voz de Lucía se hacía lejana, cada vez más y más. Recordó que a veces le cambiaban de sábanas y de ropa, y que a veces Eusebio lo rasuraba. Recuperó el cuerpo con muchos dolores. Un calambre intenso en pantorrillas o pies lo hacía quejarse o brincar. Empezó también a percibir el frío; los pies y las manos se le helaban. Abría con mayor frecuencia los ojos pero le costaba mucho trabajo despertar. No tenía alientos para cambiar de posición. Un día se dio cuenta de que el suero ya no estaba. Se vio el brazo y lo levantó, pesaba mucho. Contemplar las paredes de su recámara lo reconfortaba... El dibujo de Ric a los dos años. Le sorprendió la naturalidad con que la enfermera entró, le dio los buenos días, le hizo las mismas preguntas que le hacían todos, y empezó a bañarlo. Observó su desnudez y sintió lástima de sí mismo, ¿qué me he hecho?... No le puso pijama sino uno de esos camisones de sanatorio. Se despidió.

—¿Por qué vino? —le preguntó a Lucía.

—Todos los días viene...

—¿Y Ric?

—Está en la escuela...

Se palpó las piernas y rodillas con sorpresa y espanto; tocaba cada hueso, el fémur... agudo, las costillas, el esternón, las clavículas y se sintió muy agotado.

Cuando abrió los ojos de nuevo lo rodeaba la oscuridad. Del vestíbulo venía luz...

—¿Y Ric?

—¿Quieres que venga? —Marina se lo preguntaba.

—Sí... ¡Hola!

—¡Ay! —su grito fue de felicidad—. ¡Hola, hola, hola...!

Le estampó un beso en la frente y salió a la carrera. Unos segundos después entró Ricardo corriendo y se echó a sus brazos. Estaban en penumbra y pidió que encendieran la luz, quería ver el rostro de su hijo. Antes de que lo hicieran Ric se secó con prisa los ojos. Iba a preguntar por Lucía cuando ésta entró y, como el niño, corrió a abrazarlo. Después de varias preguntas y respuestas que los asombraban y alegraban, los examinó. Parecían muy alegres. Juan se tocó el rostro.

—Eusebio me rasuraba, ¿verdad?

—O mi marido —dijo Marina—, o *el Barbaján*...

—Me acuerdo de Eusebio... A veces quería hablarles, pero me daba mucho sueño... Estoy cansado... No se vayan... —suplicó—. Quédense...

Subieron a verlo Cenobia y Benjamín, habló un poco con ellos. Después llegó Gabriel. Le tomó la presión, la temperatura, y oyó su corazón y pulmones. Mientras le hacía preguntas, el timbre de su voz, su suavidad, le hizo rememorar instantes nebulosos y sin sonidos en los que solamente esa voz le llegaba. Ric se había acostado a su lado y le acariciaba el pelo.

—Tengo hambre... —dijo.

Inmediatamente entró Cenobia con un tazón de caldo.

—¡Eso es trampa! —gritó Ricardo—. Estabas escondida esperando que él lo dijera. ¿Por qué no me adivinas a mí el pensamiento?

—Porque nunca me has necesitado.

Unos días más tarde Natalia y Javier insistieron en que se fueran a su rancho (que por imposición de Natalia había recuperado su nombre original), a pasar allí la convalecencia. Gabriel le hizo ver que la recuperación sería lenta y que la pureza del aire del bosque resultaba benéfica. Juan pensó con verdadero gusto en los corpulentos cedros de *San Sebastián*, y aceptó siempre y cuando Ric pudiera venir con ellos. Lucía dijo que eso podía arreglarse en la escuela; no sería problema. Aunque la casa tenía sirvientes, y varios campesinos trabajaban los huertos, también los acompañaría Cenobia. Decidieron que partirían el fin de semana pues había varias cosas que hacer previamente. Gabriel ordenó que le tomaran unas radiografías y le hicieran unos análisis. Lucía necesitaba hacer unas compras.

—Constanza y yo los llevaremos —dijo Eusebio—, y nos quedaremos un par de días, pues *realmente* quien necesita la cura soy yo, he sufrido a la par que tú nada más que sin ninguna atención, ¡nadie me mima, nadie pregunta cómo me siento yo!

—Gracias, Eusebio, gracias... —respondió Juan sonriendo—, Constanza ya me dijo todo lo que has hecho... Y ahora Eusebio mío, ¿a dónde quiere usted viajar?...

164

—¡A las islas Feroe!

—¿Viaje redondo... o ida solamente?

Lucía quedó al tanto de cuáles podían ser las altas y bajas de salud, qué hacer, etcétera; cualquier síntoma ajeno a lo esperado se lo comunicaría en seguida. Gabriel tenía muchas lecturas pendientes de modo que se iría con Marina a pasar a *San Sebastián* los fines de semana a fin de ponerse al día, y —de paso— revisar al paciente. Javier se adelantaría para que la casa estuviera en orden. Iría solo pues el embarazo de Natalia, que se acercaba a su fin, presentaba complicaciones y tenía prohibido viajar.

El jueves hubo un momento en que Juan y Gabriel estuvieron solos.

—Dime una cosa Gabriel... No tengo el menor deseo de beber, pero, si lo necesitara, ¿puedo tomar una?

—Preferiría que no lo hicieras... No te apures, no se te va a antojar... Estás totalmente desintoxicado desde hace varias semanas. Tú mismo te sorprenderás de lo tranquilo y feliz que te vas a sentir sin el alcohol... ¡Sin el horror!

—Bien... ¡Deséame suerte!

Un compromiso repentino e ineludible impidió que Eusebio y Constanza los llevaran, de modo que el viernes al mediodía Lucía empezó a sonar el claxon para anunciarle al *Barbaján* que habían llegado. Arribaban bajo una lluvia tupida que, al abrir las portezuelas del coche, les llevó el perfume intenso de tierra mojada. Los aguardaban con paraguas. El trayecto había durado un poco más de la hora y media, Juan se sentía extenuado. No se opuso cuando Javier dijo que lo cargaría hasta la casa. Sus piernas estaban débiles, mucho. Llevaba consigo el bastón de *Dondán*.

Los perros de cacería ladraban desde su encierro.

No quiso que lo llevaran a la que iba a ser su recámara y Javier lo dejó en la sala de armas, sobre un sofá que antes estaba tapizado de piel —muy vieja— y ahora tenía una flamante cretona floreada.

—Esto es toque de Natalia, ¿no es así? —dijo señalando la nueva tela.

—¡Claro!... ¡Ha puesto de cabeza todo! Lo único que le he prohibido que toque son las paredes de esta estancia... Pero el resto de la casa es escenografía pura, ¡ya verás!

La lluvia pasó pronto y Ricardo se fue a ver los perros. Cenobia y Lucía se posesionaron de la cocina, Javier llevó a la segunda a recorrer la casa e indicarle dónde se hallaba cada cosa. Juan agradeció la soledad en que lo dejaban. Su agotamiento, excesivo para el escaso esfuerzo que había hecho, lo dejaba desfalleciente. Quedó en un silencio tan profundo que percibió con claridad la irregular marcha de su corazón. "No te espantes —había dicho Gabriel—, tienes una arritmia que se corregirá conforme te restablezcas. ¡Juan, Juan, casi destruiste tu organismo!" Los latidos se espaciaban tanto que a veces creía que se dormiría antes de que llegara el próximo.

Cenobia lo despertó para darle una medicina.

—Ha dormido usted más de una hora.

Se sentía mucho mejor. Encendió un cigarrillo. Hasta él llegó un ruidito... insidioso... inconfundible. *El Barbaján* se servía una copa.

Permanecieron en San Sebastián un mes, y retornaron a la ciudad para que le hicieran nuevas radiografías, análisis y una biopsia al hígado. Los resultados fueron alentadores. Unas semanas después regresaron al rancho y durante año y medio —aunque con breves interrupciones de estancia en la ciudad— vivieron en el campo. En ocasiones, tomaba una copa de jerez o una cerveza. La arritmia desapareció y sus nervios se estabilizaron. Se volvió un buen jinete y montaba a caballo dos o tres horas diarias.

—¿Por qué quisiste ser aviador?

—Para vencer mi horror a las alturas.

Juan y Ricardo caminaban lentamente bajo la sombra de los cedros. Ricardo medía ahora cuatro o cinco centímetros más que su padre y amenazaba con crecer todavía pues apenas tenía quince años.

—¡Masoquista!

—No, nada de eso. Fue un problema que me apachurraba mucho y tenía que superarlo...

—Meterse a aviador es saltar de un extremo al otro.

—Bueno... empecé a corregirme con otras experien-

cias... Con un plano inclinado... Pero ésa es una historia que nunca voy a contarte.

Ric puso cara de truculencia y complicidad.

—¿Algo grave?

—Sí... —recogió una rama seca para ocultar su turbación y continuaron la marcha golpeándose el pantalón
con ella. Urgía cambiar de tema—: ¿No te cansas de mí,
hijo?

—No... —su franca sonrisa lo iluminó—. ¡Te admiro
mucho!

Juan se sintió más incómodo. El cambio de tema no
había servido. Ric estaba en la etapa de los fervores y las
idolatrías, sus pasiones no tenían idea de la mesura.

—No es lo que yo espero de ti... Que me quieras, sí...
¡Pero admirarme! ¿No se te hace que exageras?... Los
cariños de uno son ciegos, pero no deben serlo tanto... Y
yo, tú lo sabes, soy... deleznable.

—Quieres decir, ¿débil?

Él sacudió la cabeza afirmativamente.

—¡Es que has sufrido mucho!

—¡Por mi culpa! ¡No lo olvides jamás!... No es mérito... —sintió que su frente se perlaba de sudor— del cual
uno se pueda enorgullecer.

—Lo has superado —su hijo le hablaba con frecuencia
con el tono que se adopta hacia los enfermos—, como su-
peraste el miedo a la altura.

—Fracasé como aviador.

—No era tu camino... Cuando tú quieres... ¡triunfas!

—Ric... —suplicó con exigencia—, no digas esas cosas,
me desagradan... Tú no eres un muchacho tonto... yo *no*
necesito ser idealizado, y tú *no* requieres un héroe. Jamás
seré "el buen Juan", porque sería falso y porque no me
interesa... Si me colocas en un nicho de cristal cualquier
movimiento que haga puede romperlo... y los añicos da-
ñan... hacen heridas.

—¡Perdona, papá!

Un embarazoso silencio los acompañó hasta llegar a la
casa. Entraron a la sala de armas, no había nadie. Ric le
tomó la mano y preguntó:

—¿Ya?

—¿Qué...?

—¿Me perdonaste?

—¡Ay, Ric, Ric! ¿Perdonarte, yo?

Y soltaron a reír llenos de felicidad.

En la "Sala Olmeca" se sirvió su primer whisky. Estaba solo. Caminó hacia un espejo y haciéndose una reverencia dijo:

—Señoras y señores: *Nuestro hombre* no acepta ser "El buen Juan"... Eso está descartado.

Si no hubiera estado frente a un espejo es posible que no se hubiese dado cuenta de que un miedo subconsciente se dibujó, fugaz, en ojos y labios. Dio un trago que no fue grato. Un estremecimiento lo recorrió. Con pasos rápidos fue al lavabo y vació el contenido. Regresó a la sala y caminó nervioso, de un lado para otro, sin poder quitarse de encima mil recuerdos abyectos y el miedo, ¡el miedo! Abrió la puerta vidriera y se acercó al balcón. La ciudad bullía, apestaba.

Eusebio lo encontró allí, fumando. Sin atreverse a verlo, dijo:

—Eusebio... tengo terror... Quise beber, a escondidas, me serví un whisky.

—¿Lo tomaste?

—¡No!... Eusebio, dime: ¿estuve en un sanatorio?

—Sí... ¿por qué lo preguntas?

—Porque lo acabo de *recordar* apenas hoy, hace un momento... No lo sabía. De pronto vi unas paredes y una ventana... y olía a hospital.

Sonó el teléfono, Eusebio entró a contestarlo. Con dedos temblorosos Juan encendió un cigarrillo. Después de mucho tiempo regresó su hermano.

—Curioso, muy curioso... Era Gabriel... Le conté... Dice que no lo tomes.

—Ya pasó... —respondió Juan con calma.

La necesidad se repitió muchas veces y supo dominarla. Finalmente convenció a Gabriel de que lo autorizara a, en caso extremo, poder beber un whisky sin sentirse traidor y engañarlos. Gabriel le hizo ver que se imponía un reto absurdo y que el hecho de que bebiese o no —hasta cierto punto— no tenía nada que ver con él (Gabriel), atañía exclusivamente a Juan Rebollar.

Él insistió:

—No creas que pretendo que tú tengas la culpa si rein-
cido. Todo lo contrario, creo que me proporcionarás una
especie de exorcismo, y no una salida falsa para cometer
una canallada.

—De acuerdo —respondió Gabriel levantando los hombros.

—¡Gracias, amigo, gracias!

Este diálogo, aunque fue privado, lo conoció todo el
mundo pues Juan se encargó de difundirlo y cuando se
preguntó al médico él lo ratificó. La zozobra que habitó
en ellos durante muchos días acabó por extinguirse, y dio
paso a la, primero débil después franca, confianza en su
fuerza de voluntad. Transcurrieron los meses y, en los cumpleaños de los miembros del grupo, delante de todos ellos
Juan deleitó un whisky por el o la festejada. En Navidad
y Año Nuevo sucedió lo mismo: una copa.

Lucía y Juan habían hablado muchas veces de invitar a
todos a pasar las vacaciones de verano a Ensenada, ese
año volvieron a planearlo con la suficiente anticipación
para que nadie faltara. *El Barbaján* se acababa de jubilar
y dijo que él, su esposa y su hija podían partir en cualquier momento. Constanza decidió escribir —o mejor llamar— a los Michurin, sería un gran aliciente para André
conocer otra parte del país. Los Medina también aceptaron, con gran entusiasmo de Gabriel pues podría "pasar
al otro lado", ya que un investigador muy importante a
quien conocía por correspondencia daría unas conferen-
cias por esas fechas ante una sociedad médica, en Los Ángeles, ¿podría invitarlo a Ensenada? ¡Claro! ¡Sobraban recámaras!

Juan se había hecho socio de un club hípico y cabalgaba
diariamente; también se había reintegrado a la agencia
de viajes aunque Eusebio consideraba que no era necesario ya que en realidad aquel negocio "marchaba solo".
Sin lugar a dudas, marchó mejor con la presencia de Juan
y sus dotes de persuasión. Cuando lograba convencer a
un grupo difícil exclamaba:

—Hoy vendí cien viajes de ida a las islas Feroe —lo que
significaba que había logrado algo casi imposible.

Rebeca, en extensa carta, comunicó a sus padres que

no había sido posible convencer a André, quien desde varios años atrás insistía cada verano en pasar las vacaciones en Grecia, y que éste los invitaba a que los acompañaran. Naturalmente, aceptaron.

Javier les organizó una cena de despedida y en ella Juan le ofreció a su hermano que él estaría pendiente de la agencia. Eusebio protestó. No era necesario, contaban por fortuna con empleados eficientes y honestos y bastaría con estar en contacto telefónico con ellos, cosa que Juan podía hacer desde Ensenada.

—Eusebio —suplicó Juan—, a mí me haría bien si yo te ayudo, necesito sentirme útil... Y además estaría solamente de lunes a jueves aquí, después tomaría el avión, ¡no me perderé el paseo...!

Había una gran vehemencia en sus palabras. Cuando Eusebio meditaba en ello percibió la señal muda de Lucía de que aceptara.

—¡De acuerdo! Estaré más tranquilo.

Lucía no volvió a sentir aquel silencio de hotel, de sitio ajeno. Sus tres hijos estaban con ella, y Juan... otra vez fuerte y sano. Sentía la ausencia de Cenobia pues al saber ésta que el señor pasaría de lunes a jueves en la ciudad se negó a acompañarlos. La alegría reinó entre ellos y al llegar la primera partida de Juan, Lucía se sintió desolada. Cuando regresó el jueves por la noche recuperó la calma y no la volvió a perder en los siguientes viajes.

Juan colgó el teléfono.

El día había sido bastante pesado pues se habían presentado incontables problemas imprevistos que por fortuna había solucionado. La satisfacción del deber cumplido, decía su maestro en el bachillerato. La casa, sin Lucía y Ricardo, parecía inmensa. Menos mal que la buena Cenobia estaba a su lado. Nunca había sabido vivir solo... Odiaba la soledad.

Se había quitado los zapatos al llegar. Caminó descalzo hacia la sala. Abrió el piano y golpeó algunas teclas. Hacía mucho que no oía tocar a Nelly. ¡Qué bien se veía ahora, guapa, toda una mujer!... Y Ric... ¡el entrañable Ric! que un par de veces había hablado de su deseo de ser marino... Juan-joven les había comunicado que se casaría pronto; en Navidad conocerían a su prometida. De regalo de bodas le darían la casa de San Ángel. Después caminó hacia el retrato de su esposa. ¡Cómo la añoró! ¡Pues tonto! ¡A llamarles ahora mismo!

Descolgó la bocina, pero una duda lo aterró: ¿Con quién había hablado hacía unos momentos?... ¿Con quién?... ¿No había sido con ellos?

Angustiado, bebió el whisky de un trago.

¡Imposible! Había mucho trabajo y problemas. Un autobús de la TMC —lleno de turistas— se había ido a un barranco en la carretera a Taxco. Le explicó ampliamente a Lucía todos los contratiempos que aquello había acarreado, y lo que esperaba aún con la policía, la prensa... Lucía le pidió perdón por dudar de él, comprendió que tenía que permanecer allí el fin de semana. La agencia no había tenido nunca una desgracia así. Llámame apenas se arreglen las cosas, suplicó ella.

Fue cierto lo que acababa de decirle. No había mentido. La inexactitud consistía en que su presencia fuese imprescindible, ya que el asunto estaba en manos de sus abogados. Permaneció junto al teléfono con deseos de llamarla de nuevo y decirle que ya no había nada que pudiera hacer él y tomaría el avión de la tarde. Sonará sospechoso si hablo tan pronto —se dijo titubeante— debo esperar un lapso prudente. Sintió que si permanecía más tiempo en la oficina se iba a enfermar; sin despedirse de nadie, la abandonó.

Aquí venía hace muchos años con un amigo... Lucero... Luis Lucero, ¿no se acuerda de él?

El cantinero negó con la cabeza.

—¿Quiere un consejo? —le preguntó. Juan aceptó mudamente. El cantinero miró a su alrededor. Con voz baja agregó—: Váyase de aquí... es un lugar peligroso para un tipo como usted... Lo van a asaltar.

¡Douglas! ¡Usted es Douglas! —gritó enloquecido.

El golpe le dio directo en la nariz y perdió el conocimiento. Un policía lo sacó. Recuperó la lucidez. Tocó su bolsillo secreto y sacó los billetes.

—Déjeme ir... Esto es suyo.

171

El policía detuvo un taxi, le abrió la portezuela y le dio las gracias.

Cenobia le curó las heridas. Desde hacía rato percibía un olor raro.

—¿Qué huele? —se atrevió a preguntar.

—La cera... Encendí veladoras... ¡Señor, señor!, ¡todo está lleno de malos espíritus! Váyase... la señora lo espera. ¡Aún es tiempo!

—Mañana, Cenobia. Te lo juro.

Cuando Cenobia regresó de las compras vio que las maletas estaban listas al pie de la escalera. Juan, con ropas de playa, la miraba sonriente, seguro. Ella empezó a llorar.

—Vamos, mujer —protestó él acercándosele. Señaló el vaso que tenía en las manos—, si tus lágrimas son por esto, ¡despreocúpate! ¡Será la última!

El llanto de Cenobia creció, creció. Sin lugar a dudas sabía que el pasaje de avión no era para Ensenada sino para Acapulco. Juan sonrió.

—¡Salud!

México, febrero de 1983.

ÍNDICE

Este libro se terminó de imprimir el día 27 de septiembre de 1985 en los talleres de Editorial Melo, S. A., Av. Año de Juárez 226-D, Granjas San Antonio, 09070 México, D. F. Se tiraron 5 000 ejemplares y en su composición se emplearon tipos Aster de 10:11 puntos.